Klassenwiederholungen verstehen und vermeiden

Florian Klapproth

Klassenwiederholungen verstehen und vermeiden

Hintergründe, Auswirkungen und Alternativen

Florian Klapproth
Psychologie
Medical School Berlin
Berlin, Deutschland

ISBN 978-3-662-71772-1   ISBN 978-3-662-71773-8 (eBook)
https://doi.org/10.1007/978-3-662-71773-8

Die Deutsche Nationalbibliothek verzeichnet diese Publikation in der Deutschen Nationalbibliografie; detaillierte bibliografische Daten sind im Internet über https://portal.dnb.de abrufbar.

© Der/die Herausgeber bzw. der/die Autor(en), exklusiv lizenziert an Springer-Verlag GmbH, DE, ein Teil von Springer Nature 2025

Das Werk einschließlich aller seiner Teile ist urheberrechtlich geschützt. Jede Verwertung, die nicht ausdrücklich vom Urheberrechtsgesetz zugelassen ist, bedarf der vorherigen Zustimmung des Verlags. Das gilt insbesondere für Vervielfältigungen, Bearbeitungen, Übersetzungen, Mikroverfilmungen und die Einspeicherung und Verarbeitung in elektronischen Systemen.
Die Wiedergabe von allgemein beschreibenden Bezeichnungen, Marken, Unternehmensnamen etc. in diesem Werk bedeutet nicht, dass diese frei durch jede Person benutzt werden dürfen. Die Berechtigung zur Benutzung unterliegt, auch ohne gesonderten Hinweis hierzu, den Regeln des Markenrechts. Die Rechte des/der jeweiligen Zeicheninhaber*in sind zu beachten.
Der Verlag, die Autor*innen und die Herausgeber*innen gehen davon aus, dass die Angaben und Informationen in diesem Werk zum Zeitpunkt der Veröffentlichung vollständig und korrekt sind. Weder der Verlag noch die Autor*innen oder die Herausgeber*innen übernehmen, ausdrücklich oder implizit, Gewähr für den Inhalt des Werkes, etwaige Fehler oder Äußerungen. Der Verlag bleibt im Hinblick auf geografische Zuordnungen und Gebietsbezeichnungen in veröffentlichten Karten und Institutionsadressen neutral.

Planung/Lektorat: Wiebke Wuerdemann
Springer ist ein Imprint der eingetragenen Gesellschaft Springer-Verlag GmbH, DE und ist ein Teil von Springer Nature.
Die Anschrift der Gesellschaft ist: Heidelberger Platz 3, 14197 Berlin, Germany

Wenn Sie dieses Produkt entsorgen, geben Sie das Papier bitte zum Recycling.

Vorwort

Die Entscheidung, dieses Buch zu schreiben, geht auf meine ersten wissenschaftlichen Auseinandersetzungen mit dem Thema Klassenwiederholungen während meiner Zeit an der Universität Luxemburg zurück. In Luxemburg sind die Wiederholerquoten außergewöhnlich hoch – ein Umstand, der mich dazu veranlasste, mich intensiver mit den Hintergründen und Auswirkungen dieser Praxis zu beschäftigen. Dabei wurde mir schnell klar: Trotz umfangreicher akademischer Forschung bleibt deren Einfluss auf die schulische Praxis oft begrenzt.

Aus dieser Erkenntnis heraus entstand die Motivation, nicht nur theoretische und empirische Forschung zu betreiben, sondern aktiv an Veränderungen mitzuwirken. Ich habe daher gemeinsam mit Kolleginnen und Kollegen eine europäische Arbeitsgruppe gegründet, die sich der Aufgabe widmete, Einstellungen von Lehrkräften zu Klassenwiederholungen zu hinterfragen und ihre Motivation zu stärken, alternative Maßnahmen anzuwenden. Unser Ziel war und ist es, praxisnahe Wege zu finden, um Lehrkräfte dabei zu unterstützen, Wiederholungen zu vermeiden und stattdessen bewährte, wirksamere Alternativen zu nutzen.

Dieses Buch richtet sich an Lehrkräfte, Schulleitungen, Personen aus der Bildungspolitik und andere an Bildung Interessierte, die sich über die Problematik der Klassenwiederholung informieren und sinnvolle Alternativen kennenlernen möchten. Es soll Wissen bereitstellen, Zusammenhänge verständlich machen und vor allem dazu ermutigen, neue Wege zu gehen. Dabei bietet dieses Buch einen Überblick über verschiedene Maßnahmen zur Vermeidung von Klassenwiederholungen. Er soll als praktische Orientierungshilfe dienen, um im Schulalltag fundierte Entscheidungen treffen zu können, die langfristig den Lernerfolg aller Schülerinnen und Schüler unterstützen.

Ich hoffe, dass dieses Buch einen wertvollen Beitrag leistet und Menschen im Bildungsbetrieb inspiriert, bewährte Alternativen zur Klassenwiederholung in ihre pädagogische Praxis zu integrieren.

Berlin
im März 2025

Florian Klapproth

Inhaltsverzeichnis

1	**Einleitung**	1
1.1	Was sind Klassenwiederholungen?	1
1.2	Klassenwiederholungen treten häufig auf	2
1.3	Klassenwiederholungen werden kontrovers diskutiert	2
1.4	Klassenwiederholungen sind mittlerweile gut untersucht	3
1.5	Häufig wenig Übereinstimmung zwischen Forschungsergebnissen und schulischer Praxis	4
1.6	Ein Blick über die Landesgrenzen kann helfen	4
2	**Geschichte der Klassenwiederholung in Deutschland**	7
2.1	Die Entwicklung des staatlichen Schulsystems	7
2.2	Das Fachklassensystem	8
2.3	Der Übergang zum Jahrgangsklassensystem	9
2.4	Die Versetzungspraxis im Spiegel der Zeit	11
2.5	Klassenwiederholung und Schulstruktur	13
3	**Funktionen von Klassenwiederholungen**	15
3.1	Die Homogenisierungsfunktion (Verringerung von Heterogenität der Schülerschaft)	16
3.2	Die remediale Funktion (Förderung)	18
3.3	Die motivierende Funktion	19
3.4	Die meritokratische Funktion (Aufrechterhaltung des Leistungsprinzips)	19
3.5	Klassenwiederholung als Mittel zum Schulformerhalt bzw. Schulformaufstieg	20

4	**Argumente pro und kontra Klassenwiederholung und die Schülerperspektive**	**23**
4.1	Kontra	24
4.2	Pro	25
4.3	Die Schülerperspektive	27
5	**Die Versetzungspraxis in Deutschland**	**31**
5.1	Das Regelwerk	31
	5.1.1 Allgemeines	31
	5.1.2 Länderübergreifende Regularien zur Klassenwiederholung	32
	5.1.2.1 Die Grundschule	32
	5.1.2.2 Kriterien	32
	5.1.2.3 Alternative Maßnahmen	33
	5.1.2.4 Wer entscheidet?	33
	5.1.3 Die Länder im Einzelnen	34
5.2	Häufigkeiten von Klassenwiederholungen	38
	5.2.1 Die Datenquellen	38
	5.2.2 Deutschland und die einzelnen Bundesländer	38
	5.2.3 Europäischer Vergleich	39
5.3	Schlussfolgerung	41
6	**Faktoren, die Klassenwiederholungen begünstigen**	**43**
6.1	Schülermerkmale	44
	6.1.1 Leistungsdefizite	44
	6.1.2 Arbeits- und Sozialverhalten	45
	6.1.3 Motivation und Zielorientierung	45
	6.1.4 Geschlecht	46
	6.1.5 Migrationsstatus und kultureller Hintergrund	46
	6.1.6 Sozioökonomischer Status	47
	6.1.7 Gesundheitliche Faktoren und Alter	47
6.2	Psychologische Gründe für die Effekte von Schülermerkmalen auf die Versetzungsentscheidung	48
6.3	Merkmale von Lehrkräften	49
6.4	Merkmale von Schulen und Unterricht	50
	6.4.1 Qualität und Differenzierung des Unterrichts	50
	6.4.2 Schulklima und soziale Integration	51
	6.4.3 Zusammensetzung der Schülerschaft und soziale Durchmischung	51
6.5	Zusammenfassung und Implikationen	52

7 Auswirkungen von Klassenwiederholungen 53
- 7.1 Methoden der Wirksamkeitsforschung bei Klassenwiederholungen 53
  - 7.1.1 Gleiches Alter oder gleiche Klasse? 54
  - 7.1.2 Die Schätzung kausaler Effekte 55
- 7.2 Auswirkungen von Klassenwiederholungen auf die Leistung 57
  - 7.2.1 Selten positive Effekte, manchmal negative Effekte, häufig kein Effekt 57
  - 7.2.2 Lesen wird durch Klassenwiederholungen stärker negativ beeinflusst als Rechnen 58
  - 7.2.3 Frühes versus spätes Wiederholen 59
  - 7.2.4 Kurzfristige versus langfristige Effekte 59
  - 7.2.5 Effekte durch zusätzliche Maßnahmen im wiederholten Jahr ... 60
- 7.3 Auswirkungen von Klassenwiederholungen auf psycho-emotionale Merkmale 61
  - 7.3.1 Annahmen über negative Auswirkungen von Klassenwiederholungen 61
  - 7.3.2 Empirische Befunde 62
- 7.4 Auswirkungen von Klassenwiederholungen auf die Schullaufbahn 62
- 7.5 Die Kosten von Klassenwiederholungen 63
- 7.6 Zusammenfassung und Implikationen 64

8 Alternativen zur Klassenwiederholung 67
- 8.1 Schulbezogene Daten systematisch erheben und auswerten 69
- 8.2 Daten anhand von Standards beurteilen 72
- 8.3 Frühzeitig intervenieren 73
- 8.4 Längere Lernzeiten anbieten 74
- 8.5 Kompetente Lehrkräfte einstellen und entwickeln 76
- 8.6 Multiprofessionelle Teams etablieren 78
- 8.7 Außercurriculare Förderprogramme aufsetzen 79
- 8.8 Binnendifferenzieren im Unterricht 80
  - 8.8.1 Unterstützung der Autonomie 81
  - 8.8.2 Differenzierte Aufgabenstellungen 82
  - 8.8.3 Bewertung 82
  - 8.8.4 Gruppenarbeit 83
- 8.9 Mentorinnen und Mentoren einbinden 84
- 8.10 Jahrgangsübergreifendes Lernen implementieren 85
- 8.11 Elterliches Engagement fördern 86
- 8.12 Die Überzeugungen der Lehrkräfte ändern 89
- 8.13 Zusammenfassung und Implikationen 91

9 Ausblick: Zukünftige Forschung und Schulpraxis zur Klassenwiederholung 93
9.1 Forschungsperspektiven 93
9.2 Innovationen in der Schulpraxis 94
9.3 Bildungspolitische Rahmenbedingungen 95
9.4 Ein inklusives Bildungssystem als Ziel 95

Literatur 97

Stichwortverzeichnis 117

Einleitung

Zusammenfassung

Klassenwiederholungen sind meist unfreiwillige Maßnahmen, bei denen Schülerinnen und Schüler aufgrund mangelnder Lernfortschritte eine Jahrgangsstufe erneut durchlaufen müssen. Formal dienen sie administrativen Zwecken, haben aber auch pädagogische Ziele: Wissenslücken sollen geschlossen und Klassen homogener gemacht werden. Die Praxis ist jedoch umstritten; wissenschaftliche Befunde zeigen überwiegend das Ausbleiben positiver Effekte. Evidenzbasierte Alternativen wie individuelle Förderung oder personalisierte Lehrpläne gelten als effektiver und sinnvoller.

1.1 Was sind Klassenwiederholungen?

▶ Klassenwiederholungen sind das (meist unfreiwillige) Wiederholen einer Jahrgangsstufe durch einen Schüler oder eine Schülerin. Sie folgt als Ergebnis der Versetzungsentscheidung am Ende eines Schuljahres und wird in der Regel im Rahmen einer Klassenkonferenz beschlossen. Voraussetzung für das Wiederholen ist, dass eine Schülerin oder ein Schüler in mehreren Fächern die grundlegenden Lehrziele einer Jahrgangsstufe nicht erreicht hat und ein erfolgreiches Lernen in der nächsten Jahrgangsstufe nach Ansicht der Lehrkräfte nicht sehr wahrscheinlich ist.

Damit erscheint die Nichtversetzung bzw. die daraus resultierende Wiederholung primär als ein formaler Akt. Darüber hinaus ist sie aber auch eine pädagogische Maßnahme. Sie wird von Lehrkräften mit unterschiedlichen pädagogischen Absichten beschlossen. Eine besteht in dem Ziel, die betroffenen Schülerinnen und Schüler darin zu unterstützen, ihre Leistungen zu verbessern, um somit das Klassenziel schließlich erreichen zu können.

Lehrkräfte wollen aber auch mit Klassenwiederholungen dazu beitragen, dass das Unterrichten in der Klasse leichter wird, weil die versetzten Schülerinnen und Schüler in ihren Leistungen homogener sind, wenn die nicht-versetzen das Schuljahr wiederholen und damit nicht mehr Teil der ursprünglichen Klasse sind. Ich werde auf die unterschiedlichen Funktionen von Klassenwiederholungen in Kap. 3 detailliert eingehen.

Im deutschen Sprachgebrauch haben sich für das Wiederholen einer Klasse verschiedene Begriffe eingebürgert. Geläufig sind zum Beispiel „sitzenbleiben", „eine Ehrenrunde drehen" oder „klebenbleiben". Das „Sitzenbleiben" als Synonym für Klassenwiederholungen geht zurück auf die meist einklassigen und jahrgangsübergreifenden Volksschulen, die etwa bis in die 1850er Jahre in Deutschland die dominierende Form schulischer Organisation darstellten (Roßbach & Tietze, 2006) und in der die Schülerinnen und Schüler innerhalb des Klassenraums nach ihrer Schulleistung gesetzt bzw. versetzt wurden.

In Anlehnung an Karweit (1991, 1999) lassen sich Klassenwiederholungen verschiedenen Kategorien zuordnen. Dazu zählen das einfache Wiederholen einer Jahrgangsstufe („Recycling"), das Wiederholen einer Klasse mit zusätzlichen Unterstützungsmaßnahmen („Remediation") sowie ergänzende Programme vor der drohenden Wiederholung. In Deutschland werden Schülerinnen und Schülern in Abhängigkeit vom Bundesland darüber hinaus das Versetztwerden auf Probe (Bayern) sowie Nachprüfungen in Fächern mit nicht ausreichender Leistung (Rheinland-Pfalz) angeboten.

1.2   Klassenwiederholungen treten häufig auf

Zwar lässt sich über die vergangenen Jahrzehnte ein Rückgang der Wiederholungshäufigkeit feststellen. Dennoch hat jüngsten Schätzungen zufolge (OECD, 2023) immerhin noch gut ein Fünftel aller Fünfzehnjährigen in Deutschland mindestens einmal eine Klasse wiederholt. Pro Jahr sind es knapp 150.000 Schülerinnen und Schüler, die in Deutschland sitzenbleiben (Statistisches Bundesamt, 2024). Am häufigsten finden Wiederholungen in Deutschland in den Klassen 8 und 9 statt (Statistisches Bundesamt, 2024). Versetzungen und Klassenwiederholungen gehören damit fest zum Alltag an deutschen Schulen.

1.3   Klassenwiederholungen werden kontrovers diskutiert

Auch wenn Klassenwiederholungen pädagogischen Absichten folgen, sind sie nicht zwangsläufig sinnvoll oder nützlich für die betroffenen Schülerinnen und Schüler. Seit es sie gibt, wird über ihren Sinn und Zweck gestritten. Das „Sitzenbleiberproblem", wie Frommberger (1955) es nannte, hat seinen Ursprung in der Tatsache, dass das Nichtversetztwerden ja in erster Linie bedeutet, dass die davon betroffenen Schülerinnen und Schüler das Jahrgangs- oder Klassenziel nicht erreicht haben. Wenn das nicht wenige, sondern viele Schülerinnen und Schüler betrifft, dann stimmt möglicherweise etwas mit dem

Schulsystem nicht. Schulische Misserfolge wurden daher auch einer mangelhaften Schulorganisation zugeschrieben (Schenk-Danzinger, 1957) und nicht (nur) den Eigenschaften der Schülerinnen und Schüler.

Seit den 1970er Jahren wird in Deutschland über Ursachen und Folgen von Klassenwiederholungen diskutiert (Kemmler, 1976; Stark, 1974). Kritiker der Klassenwiederholung sahen in ihr einen Akt der „Abqualifizierung" der Schülerinnen und Schüler und deren Zuordnung zur Gruppe der Kinder und Jugendlichen mit problematischen Bildungskarrieren (Stark, 1974). Andere betrachteten Klassenwiederholungen im Wesentlichen als ein Selektionsinstrument, mit dem erfolglose Kinder und Jugendliche von der Gruppe der erfolgreichen ausgeschlossen werden (Bourdieu & Passeron, 1971).

Es gab (und gibt) allerdings nicht nur Kritik an der Praxis der Klassenwiederholung. Einige Autorinnen und Autoren betonen die Selektionsfunktion des Bildungssystems und verweisen auf die vermeintlich positiven Aspekte der Klassenwiederholung in einem differenzierten Schulsystem. Der Deutsche Philologenverband hebt in diesem Zusammenhang das Prinzip des „Erfolgs durch Scheitern" hervor, demzufolge Schülerinnen und Schüler gerade durch die Wiederholung einer Klasse die Möglichkeit erhalten, einen höherwertigen Schulabschluss zu erreichen (Kuhn, 2009). Gleichzeitig befürchtet der Deutsche Philologenverband, dass es durch ein Abschaffen der Klassenwiederholung zur Abkehr vom Leistungsprinzip und einer Absenkung des Leistungsniveaus an allgemeinbildenden Schulen kommen könnte (bildungsklick, 2008).

1.4 Klassenwiederholungen sind mittlerweile gut untersucht

Mittlerweile liegen zahlreiche nationale wie internationale empirische Studien über die Wirksamkeit von Klassenwiederholungen vor. Die Anfänge der Wirksamkeitsforschung mit Bezug auf Klassenwiederholungen gehen zurück in die 1930er Jahre und fanden überwiegend in den USA statt. Der erste systematische Überblick über den Forschungsstand war die 1984 erschienene Metaanalyse von Holmes und Matthews. Seitdem häufen sich Studien und Befunde, welche ein eher negatives Bild über die Auswirkungen von Klassenwiederholungen auf die von ihnen betroffenen Schülerinnen und Schüler zeichnen. Es sind jedoch nicht nur die Effekte von Klassenwiederholungen gut untersucht.

Auch über die Faktoren, die zu einer Klassenwiederholung führen können, liegt ein großer Wissensfundus vor. Klassenwiederholungen folgen auf Versetzungsentscheidungen, und Entscheidungen – unabhängig von ihrem Gegenstand – werden durch vielfältige psychologische Faktoren beeinflusst (Klapproth, 2021). Menschen neigen dazu, sich auch von Faktoren leiten zu lassen, die für die Entscheidung irrelevant sind. So hat sich in Studien häufig gezeigt, dass das Geschlecht der Schüler, das Vorliegen eines Migrationshintergrunds oder das Familieneinkommen der Eltern die Entscheidung von Lehrkräften für oder gegen eine Versetzung in die nächsthöhere Klasse beeinflusst (Klapproth & Schaltz, 2015).

Die empirische Evidenz der letzten 40 Jahre im Hinblick auf Auswirkungen und Prädiktoren von Klassenwiederholungen bildet die Grundlage für dieses Buch. Damit soll sichergestellt werden, dass Lehrkräfte, die dieses Buch als Entscheidungshilfe verwenden möchten, durch jahrzehntelange Forschung gestützt werden.

1.5 Häufig wenig Übereinstimmung zwischen Forschungsergebnissen und schulischer Praxis

Trotz eines im Vergleich zu anderen Bereichen pädagogischer Forschung recht einheitlichen Bildes über die Auswirkungen von Klassenwiederholungen scheinen ihre Ergebnisse wenig Widerhall in der pädagogischen Praxis gefunden zu haben. Klassenwiederholungen finden in manchen Bundesländern häufiger, in anderen weniger häufig statt, ohne dass aus wissenschaftlicher Sicht nachvollziehbare Gründe für diese Unterschiede vorliegen. Wissenschaftliche Erkenntnisse münden tatsächlich häufig nicht direkt in Maßnahmen in der Praxis. Das mag auch daran liegen, dass Wissenschaftlerinnen und Wissenschaftler oft keine Expertise in der Vermittlung wissenschaftlicher Inhalte haben oder aus der Praxis heraus Interessen formuliert werden, die im Widerspruch zu wissenschaftlichen Erkenntnissen stehen.

Häufig fehlt Lehrkräften, Schulleitungen oder Bildungspolitikern schlicht das Wissen über Klassenwiederholungen, das in den vergangenen Jahrzehnten durch die Wissenschaft angehäuft wurde. Auch hier soll das vorliegende Buch einen Beitrag leisten: Wissen bereitzustellen, das für eine fundierte Versetzungsentscheidung notwendig ist.

Neben dem Mangel an Wissen sind häufig Einstellungen und persönliche Überzeugungen des Bildungspersonals eine Ursache für Klassenwiederholungen. Oft werden Klassenwiederholungen nicht infrage gestellt, ihr Nutzen wird gegenüber dem potenziellen Schaden höher bewertet, Beispiele für „erfolgreiche" Klassenwiederholer werden angeführt. Es fehlt häufig ein differenzierter Blick auf das Zustandekommen von Versetzungsentscheidungen und die Auswirkungen von Klassenwiederholungen. Schulpolitische Vorgaben spiegeln den undifferenzierten Blick oft wider, indem die Nichtversetzung in die nächsthöhere Schulklasse starr an die Schulnoten in bestimmten Fächern geknüpft wird.

1.6 Ein Blick über die Landesgrenzen kann helfen

In einigen europäischen Ländern finden Klassenwiederholungen nur selten statt. Dort sind Maßnahmen etabliert worden, die eine Klassenwiederholung verhindern (vgl. Meißner et al., 2025). So werden beispielsweise in Island, Norwegen und Schweden regelmäßige Evaluierungen durchgeführt, um zu gewährleisten, dass die Schülerinnen und Schüler eine angemessene Förderung und Unterstützung im Unterricht erhalten. Treten Schwierigkeiten auf, kann frühzeitig in Form von individuellen Förderprogrammen präventiv gehandelt werden. In Dänemark werden personalisierte Lehrpläne eingesetzt, um auf die individuellen Lernschwierigkeiten der Schülerinnen und Schüler einzugehen. In Litauen und Albanien können einzelne Schulfächer statt eines ganzen Schuljahres wiederholt werden. Und in Montenegro erhalten Nicht-Muttersprachler zusätzliche Sprachförderung, um die Integration in den Unterricht zu unterstützen.

Vergleichbare Maßnahmen gibt es auch in Deutschland. Allerdings hindern die Möglichkeit zur Klassenwiederholung und der Glaube an ihre Wirksamkeit viele Lehrkräfte und Schulleitungen daran, auf Klassenwiederholungen konsequent zu verzichten. Dabei sind denkbare Alternativen bereits gut erprobt. Zu diesen zählen zum Beispiel die gezielte Förderung von versetzungsgefährdeten Schülerinnen und Schülern, der Umgang mit Leistungsheterogenität im Rahmen der Binnendifferenzierung, das Bereitstellen zusätzlicher Lernzeit und Lernerfahrungen in Summerschools und die Aufklärung von Lehrkräften durch Lehrerfortbildungen. Auch für diese zur Klassenwiederholung alternative Maßnahmen werden in diesem Buch Informationen bereitstellt.

Zusammenfassend zeigt sich, dass Klassenwiederholungen weder unvermeidlich noch pädagogisch alternativlos sind. Die in diesem Buch vorgestellten evidenzbasierten Alternativen bieten praktikable Wege, um Schülerinnen und Schüler individuell zu fördern und schulische Misserfolge zu vermeiden. Ich lade Sie ein, die folgenden Kapitel als Inspiration und Handreichung zu nutzen, um gemeinsam eine Schulkultur zu gestalten, die auf Förderung statt Selektion setzt und jedem Kind die bestmöglichen Bildungschancen eröffnet.

Geschichte der Klassenwiederholung in Deutschland

2

> **Zusammenfassung**
>
> Klassenwiederholungen entstanden historisch mit der Entwicklung des deutschen Jahrgangsklassensystems im 18. und 19. Jahrhundert, das ein fächerübergreifendes Curriculum und feste Versetzungsregeln einführte. Ursprünglich konnten Schüler im älteren Fachklassensystem individuell nach Fachkenntnissen eingestuft werden. Das Jahrgangsklassensystem machte jedoch Altersgruppen und Lehrpläne zur Norm, wodurch Klassenwiederholungen zur Lösung für Schüler wurden, die Lernziele nicht erreichten. Trotz anfänglicher Akzeptanz wurde diese Praxis schnell kritisiert, da sie Leistungsunterschiede nicht effektiv reduzierte. Im 20. Jahrhundert schwankte die Häufigkeit der Klassenwiederholungen stark, beeinflusst von Bildungspolitik und Schulstrukturreformen. Seit Ende des 20. Jahrhunderts fördern vermehrt alternative Ansätze und strukturelle Änderungen individuelle Förderung und reduzieren somit die Zahl der Klassenwiederholungen.

2.1 Die Entwicklung des staatlichen Schulsystems

In einem Jahrzehnte währenden Prozess, der sich seit der Mitte des 18. Jahrhunderts abzuzeichnen begann, vollzog sich in den deutschen Ländern in unterschiedlichem Tempo die Ablösung der vielfältig zersplitterten feudalistischen Standesschule durch ein staatlich reglementiertes Schulsystem. Dessen Ziel war die Unterrichtung und Erziehung der gesamten Jugend (Günther et al., 1988). Das Schulsystem war in ein niederes und höheres Schulwesen gespalten. Das niedere war die Volksschule.

In vielen deutschen Staaten bestand um 1800 eine gesetzlich fixierte allgemeine Schulpflicht. Sie hatte unter anderem zum Ziel, die Alphabetisierung der Kinder und Jugendlichen zu fördern. Einen allgemeinen Lehrplan gab es allerdings nicht. Die

Lehrpläne der einzelnen Schulen wurden von Geistlichen aufgestellt. Die Unterrichtsgegenstände waren im Wesentlichen beschränkt auf den Katechismus, Lesen, Schreiben und Rechnen. Es gab eine Reihe von staatlichen Verordnungen, die mit Nachdruck eine weitere Beschränkung und Vereinfachung des Unterrichts verlangten (Günther et al., 1988). Trotz dieser Unzulänglichkeiten hatte sich die Volksschule bis zur Mitte des 19. Jahrhunderts in Deutschland als Massenschule herausgebildet und zeitigte zum Teil beachtliche Unterrichtserfolge. Sie galt gegenüber vielen Schulen in anderen industriell entwickelten Ländern als beispielhaft (Sack, 1886).

Der Übergang von der feudalistischen zur kapitalistischen Gesellschaftsordnung zog auch einen Wandel in der Zielsetzung, dem Inhalt und der Struktur des höheren Schulwesens nach sich. Aus dem zersplitterten feudalistischen Schulwesen entwickelte sich unter anderem das Gymnasium. Bislang erteilte man in den höheren Schulen überwiegend altsprachlichen Unterricht. Dazu gehörten der Unterricht im Lateinischen, römische Geschichte, lateinische Stilübungen und Literaturkurse (Lohmann, 1987). Das Ziel des Unterrichts bestand darin, Fertigkeiten in der Nachahmung der alten klassischen Schriftsteller zu erreichen (Paulsen, 1885). Dieser Unterricht wurde aber den Erfordernissen der neuen bürgerlichen Gesellschaft nicht gerecht. Daher forderten die Neuhumanisten, die Hinwendung zur Antike zu ergänzen durch deutsche Sprache und Geschichte sowie Sport und Physik, Geografie und Mathematik (Günther et al., 1988).

2.2 Das Fachklassensystem

Im 18. und 19. Jahrhundert konkurrierten zwei Klassensysteme miteinander: das Fachklassensystem, in welchem das Curriculum und die Schullaufbahn entlang spezifischer Fächer organisiert wurden, und das Generalklassensystem, das später zum Jahrgangsklassensystem wurde (Scholz & Reh, 2016).

Im Fachklassensystem wurde der Unterricht in einem System parallel angeordneter Unterrichtsfächer organisiert. Das bedeutete, dass diese Fächer immer am gleichen Wochentag zur gleichen Stunde unterrichtet wurden, und zwar parallel für alle Jahrgangsstufen. Damit sollte den Schülerinnen[1] und Schülern die Möglichkeit eröffnet werden, gemäß ihren Interessen und Fähigkeiten in den einzelnen Fächern unterschiedlichen Klassenstufen anzugehören. So konnte jeder Schüler am Unterricht so lange teilnehmen, wie es ihm nützlich erschien. Dieser Parallelismus hatte jedoch zur Folge, dass streng genommen für jedes Fach mindestens so viele Lehrer wie Jahrgangsstufen bereitgestellt werden mussten (in der Regel sechs). Das war jedoch aus praktischen Gründen häufig nicht möglich, und der Unterricht wurde entweder von einer fachfremden Lehrkraft oder überhaupt nicht durchgeführt.

---

[1] Tatsächlich handelte es sich überwiegend um männliche Schüler. Vom öffentlichen Bildungssystem der damaligen Zeit waren Mädchen weitgehend ausgeschlossen. Selbst im Jahr 1912 machten im ganzen Deutschen Reich nur 188 Frauen Abitur (Jacobi-Dittrich, 1989).

Es gab also in dieser Zeit noch kein alle Fächer umspannendes Curriculum, das erfolgreich abgeschlossen werden musste. Im Gegenteil, es war durchaus üblich, dass sich ein Schüler beispielsweise in Latein in der 9. Klasse befand, seine Kenntnisse in Mathematik dagegen der 5. Klasse und in Geografie der 7. Klasse entsprachen. Die Fachklassen waren darüber hinaus strukturell offen, das heißt, es gab keine festen Regeln für Eingänge, Versetzungen und Entlassungen. Die Altersheterogenität war hoch, und einzelne Schüler konnten Klassen überspringen oder wiederholen. Der Übergang in eine nächsthöhere Klasse erfolgte oft mitten im Schuljahr (Scholz & Reh, 2016).

Versetzungen innerhalb des Fachklassensystems erfolgten dergestalt, dass Schüler während ihrer Schullaufbahn immer wieder ihren Kenntnissen entsprechend bestehenden Klassen eines bestimmten Unterrichtsfaches zugeordnet wurden. So war es möglich, dass ein Schüler in einem Fach rudimentäre, in einem anderen Fach aber bereits fortgeschrittene Kenntnisse besaß und entsprechend höher eingestuft war. Versetzt wurde also fachspezifisch, nicht allgemein. Im Generalklassensystem dagegen wurden sämtliche Schüler einer Gruppe in allen Fächern gleichzeitig versetzt, wenn jeder einzelne entweder in einem maßgeblichen Fach oder in allen Fächern das Versetzungskriterium erreicht hatte.

2.3 Der Übergang zum Jahrgangsklassensystem

In Preußen wurden Ende des 18. Jahrhunderts von Bernhardi am Friedrichswerderschen Gymnasium in Berlin erstmalig sogenannte Bildungsstufen eingeführt. Diese Stufen entsprachen Jahrgängen (untere Bildungsstufe: 5./6. Klasse; mittlere Bildungsstufe: 7./8. Klasse; obere Bildungsstufe: 9./10. Klasse). Die höheren Bildungsstufen konnte nur erreichen, wer Prüfungen in den Hauptfächern erfolgreich absolvierte. Diese Prüfungen fanden am Ende eines Schuljahres statt. Damit wurden im Lehrplan die naturwissenschaftlich-mathematischen Fächer aufgewertet, und es kam in der Folge immer seltener vor, dass Schüler ohne fundiertes mathematisch-naturwissenschaftliches Verständnis in die höheren Bildungsstufen eintreten konnten. Und es wurde erstmalig eine Versetzungspraxis etabliert, wie sie auch heute noch anzutreffen ist. Dieses Jahrgangsklassensystem wurde schließlich 1837 für gesetzlich verbindlich erklärt (Lohmann, 1987).

Die Etablierung des Jahrgangsklassensystems und eines Curriculums mit Pflichtfächern war die Voraussetzung für die Versetzungspraxis. Diese Erneuerung im deutschen Schulsystem war dezidiert antifeudalistisch ausgerichtet, weil sie eine Abkehr vom altsprachlichen Unterricht und eine Hinwendung zu den „Realien", also den mathematisch-naturwissenschaftlichen Fächern, bedeute, die mit den Erfordernissen der bürgerlichen Gesellschaft eher im Einklang standen (Günther et al., 1988; Lohmann, 1987). Sie ermöglichte allerdings auch die Klassenwiederholung. Diese schien zu einer Notwendigkeit für diejenigen Schüler geworden zu sein, die das Jahrgangsziel nicht erreicht hatten.

Das Versprechen des Jahrgangsklassensystems war, dass sich die Leistung der Schüler verbesserte, da im Curriculum ein Fächerkanon festgelegt und dessen erfolgreiche Absolvierung am Ende eines Schuljahres beurteilt wurde. Es zeigte sich hingegen schnell, dass nicht alle Schüler erfolgreich waren. So kam es, dass in den höheren Klassenstufen immer häufiger Schüler anzutreffen waren, deren Leistungen nicht dem geforderten curricularen Niveau entsprachen (Balow & Schwager, 1990). Eine vermeintliche Lösung dieses Problems war die Klassenwiederholung.

Ungeklärt blieb lange, ob das Alter der Schüler überhaupt ein sinnvolles Kriterium für die Gruppenbildung war (Caruso, 2015). Denkbar waren auch alternative Kriterien wie Leistungsstand, intellektuelles Niveau oder ähnliches. Hinzu kam, dass in vielen Schulen zunächst zur Gruppenbildung Altersintervalle verwendet wurde – also eine Zusammenfassung von Schülerinnen und Schülern, die sich im Alter zwei bis drei Jahre unterscheiden konnten (Caruso, 2021). Erst später wurde das jeweilige Lebensjahr zum bestimmenden Kriterium sowohl für die Einschulung als auch für die Bildung von Klassen.

Mit dieser Entscheidung ging auch eine relative Entmachtung der Lehrkräfte einher (Caruso, 2015). Haben Lehrkräfte bislang Schülerinnen und Schüler zu Gruppen zusammengefasst, die über den gleichen Kenntnisstand oder die gleichen moralischen Werte verfügten, erfolgte die Klassenbildung nun nach dem Alterskriterium, das ein rein formales, aber kein inhaltliches mehr war.

Die Definition eines allgemeinen Klassenziels machte es notwendig, ein Schuljahr zu wiederholen, wenn dieses Ziel nicht erreicht wurde. Den betroffenen Schülerinnen und Schülern wurde in solchen Fällen doppelt so viel Zeit für die Bearbeitung des Lernstoffs eingeräumt, verbunden mit der „Hoffnung auf eine bessere Förderung" (Bellenberg, 1999, S. 57). Grundsätzlich etablierte sich das Jahrgangsklassenprinzip zunächst im höheren Schulwesen, bevor es auch in den niederen Schulformen Anwendung fand.

> ▶ Der Klassenwiederholung liegt mindestens eine Grundannahme zugrunde, ohne die sie nicht zu rechtfertigen wäre (vgl. Balow & Schwager, 1990). Sie besteht darin, dass das Curriculum, das für eine Klasse gilt, grundsätzlich für alle Schüler geeignet ist und dass Schüler, die die Klasse nicht erfolgreich abschließen und daher die gleiche Klasse wiederholen müssen, mehr Zeit benötigen (nämlich genau ein Jahr), um den Anschluss an ihre versetzten Mitschüler zu erreichen.

Das Jahrgangsklassensystem war ein Exportschlager. So herrschte beispielsweise in den USA – ähnlich wie in Deutschland – noch bis Mitte des 19. Jahrhunderts das Parallelsystem, und erst der Einfluss der deutschen Bildungswissenschaftler und -praktiker führte zur Etablierung des Jahrgangsklassensystems, sodass um 1870 herum praktisch jede Schule das Jahrgangsklassensystem adoptiert hatte (Balow & Schwager, 1990).

Das System der Jahrgangsklasse und damit auch die Methode der Klassenwiederholung waren allerdings schon früh Kritik ausgesetzt. Kurz nachdem das Jahrgangsklassensystem eingeführt worden war, wurde bemängelt, dass das automatische Vorrücken ganzer Klassen zu großen Leistungsdifferenzen (also zu größerer Heterogenität) führte und individuelle Lernfortschritte in den verschiedenen Fächern unberücksichtigt blieben (Beneke & Dreßler, 1876). Eine Wiederholung des ganzen Schuljahres jedoch würde das Problem nicht lösen, da auch diejenigen Fächer wiederholt wurden, in denen keine Rückstände vorlagen. Ähnlich – wenn auch mit anderem Ansatz – argumentiert mehr als ein halbes Jahrhundert später Sickinger (1911), der sich – wie Beneke – gegen Heterogenität wandte, aber eine andere Lösung vorschlug. Sickinger plädierte für die Einrichtung paralleler, aber nach Leistung differenzierter Jahrgangsklassen. Diese sollten lernschwächeren Schülern die Nichtversetzung ersparen, da sie stattdessen auf einem ihren Fähigkeiten entsprechenden Schulzweig erfolgreich zum Abschluss geführt werden könnten.

2.4 Die Versetzungspraxis im Spiegel der Zeit

Die Häufigkeit von Klassenwiederholungen hat sich im Laufe der Zeit immer wieder verändert. Seit der Etablierung des Jahrgangsklassensystems lässt sich ein mehr oder weniger kontinuierlicher Rückgang der Wiederholerquote beobachten (Palowski, 2016a). Anfang des 20. Jahrhunderts war der Anteil derjenigen, die eine Klasse wiederholen mussten, noch recht hoch. Einem Bericht aus dem Jahre 1904 über Statistiken zu Schulentlassen zufolge hatten mehr als ein Drittel (38 %) der Schülerinnen und Schüler mindestens einmal – oft sogar mehrfach – eine Klasse wiederholt (Sickinger, 1911). Auch über 40 Jahre später war die Nichtversetzung üblich, wenn auch deutlich seltener als zuvor. Nach einer Studie von Frommberger (1955) lag der Anteil an Schülerinnen und Schüler, die bis zum Ende der Pflichtschulzeit in der 9. Klasse mindestens einmal eine Klasse wiederholt hatten, bei etwa 14 %. Von Mitte der 1970er bis Mitte der 1980er Jahre hatte in der Bundesrepublik von allen Schulformen die Realschule die höchsten Sitzenbleiberquoten, gefolgt von dem Gymnasium. Diese lagen in diesem Zeitraum jährlich zwischen 4,5 und 6,4 % (Einsiedler & Glumpler, 1989).

Das häufige Wiederholen wurde als Problem betrachtet, und es gab Ansätze, die Versetzungspraxis dahingehend zu verändern, dass Klassenwiederholungen seltener notwendig wurden. Dazu gehörte, dass in den 1980er Jahren in vielen Ländern der Bundesrepublik die Regelversetzung zwischen erster und zweiter Klasse eingeführt wurde (Einsiedler & Glumpler, 1989). Diese Reform führte zu deutlich reduzierten Wiederholerquoten in der Grundschule.

Zur Reduktion der Wiederholerquoten trug auch der Umstand bei, dass in den 1980er Jahren die Anzahl der Schülerinnen und Schüler insgesamt rückläufig war (Statista Research Department, 2015). Das hatte zur Folge, dass weniger Schülerinnen und Schüler in einer Klasse unterrichtet wurden und somit das Lehrer-Schüler-Verhältnis günstiger wurde (Einsiedler, 2003).

Neben geringeren Klassengrößen scheint auch eine kritischere Einstellung von Lehrkräften gegenüber der Klassenwiederholung zu deren seltenerem Auftreten beigetragen zu haben. Eigene Erfahrungen von Lehrkräften und wissenschaftliche Studien haben gezeigt, dass sich Klassenwiederholungen vor allem auf das Selbstkonzept der Schüler und ihr Selbstwertgefühl negativ auszuwirken scheinen. Gleichzeitig nahmen Bemühungen im Schulwesen – vor allem in der Grundschule – zu, das individualisierte Lernen und den Förderunterricht zu intensivieren und differenzierte Schülerbeurteilungen anzuwenden (Einsiedler & Glumpler, 1989).

In der Bundesrepublik war (und ist) das Sitzenbleiben zwischen den unterschiedlichen Schulformen und den einzelnen Bundesländern unterschiedlich häufig anzutreffen. Waren bis Mitte der 1980er Jahre Klassenwiederholungen vor allem an Realschulen und Gymnasien sehr häufig anzutreffen, verringerte sich mit Beginn der 2000er Jahre die Häufigkeit des Sitzenbleibens an den Gymnasien deutlich (Klemm, 2009). Darüber hinaus wurde in den ostdeutschen Bundesländern kurz nach der Wende seltener wiederholt als in den westdeutschen Ländern. Das änderte sich in den 2000er Jahren, bereits 2004 lag die Wiederholerquote in den ostdeutschen Ländern (ohne Berlin) über der in den westdeutschen Ländern (Klemm, 2009).

Die anfangs relativ geringe Wiederholerquote in den ostdeutschen Ländern scheint zurückzugehen auf das Schulsystem der DDR, in dem das Sitzenbleiben eine unbeliebte Option war. Tatsächlich waren Klassenwiederholungen in der DDR äußerst selten. Dort wurde nach dem Zweiten Weltkrieg das vertikal gegliederte Schulsystem der Vorkriegszeit durch ein horizontal gestuftes einheitliches Bildungssystem ersetzt. Dieser Prozess verlief in mehreren Etappen und war erst in den 1980er Jahren weitgehend abgeschlossen (Köhler, 2001). Der Gedanke dahinter war, dass allen Schülerinnen und Schülern gleiche Bildungschancen eingeräumt werden und diese daher eine einheitliche Grundbildung erhalten sollten. Diese wurde 1959 durch die Einführung der zehnjährigen allgemeinbildenden Polytechnischen Oberschule als Pflichtschule realisiert.

Bereits davor waren die Sitzenbleiberquoten in der DDR stetig rückläufig (von 11 % im Jahre 1950 auf 4 % im Jahre 1959; Köhler, 2001). Als bildungspolitische Richtschnur galt, dass jede Schülerin und jeder Schüler das Bildungsziel erreichen sollten, ohne dass schulische Mindeststandards gesenkt und eine leistungsmäßige Differenzierung stattfinden müssen. Das gleichmäßige Fortschreiten im Jahrgangsklassensystem nach Lehrplan erforderte von den Schulen, sich der Kinder mit schwächeren Leistungen besonders anzunehmen. Es galt das Motto: „Keinen zurücklassen".

Nach der Wiedervereinigung sind die Wiederholerquoten in der Tendenz zwar weitgehend rückläufig gewesen; es gab jedoch Veränderungen im Bildungssystem, die mit einer erhöhten Sitzenbleiberquote einhergingen. Dazu gehört die Verkürzung der Gymnasialschulzeit von neun auf acht Jahre (G8), die zwischen 2001 und 2007 in den meisten Bundesländern umgesetzt wurde. Eine Studie des Deutschen Instituts für Wirtschaftsforschung (DIW) Berlin (Huebener & Marcus, 2015) konnte zeigen, dass die G8-Reform das Alter der Abiturientinnen und Abiturienten zwar tatsächlich senken konnte – allerdings nicht um 12 Monate, um die sich die Schulzeit verkürzt hatte, sondern nur um 10 Monate.

Ein Grund dafür war, dass der Anteil der Schülerinnen und Schüler, die während der Gymnasialzeit eine Klasse wiederholt hatten, um etwa ein Fünftel gestiegen war.

2.5 Klassenwiederholung und Schulstruktur

In der Sekundarstufe konnte in den 2000er Jahren in einigen Bundesländern ein verhältnismäßig starker Rückgang der Wiederholerquote verzeichnet werden, während in anderen Ländern die Quote weitgehend unverändert blieb. Dieser Unterschied scheint auch im Zusammenhang zu stehen mit Reformen der Sekundarstufe. Zum Schuljahresbeginn 2010/2011 wurde in Berlin ein zweigliedriges Schulsystem für die Sekundarstufe eingeführt, bestehend aus dem Gymnasium und der sogenannten Sekundarschule. Die Sekundarschule bildet dabei den Zusammenschluss von Hauptschulen, Realschulen und Gesamtschulen. Daneben gab (und gibt) es weiterhin Gemeinschaftsschulen, in welchen Schülerinnen und Schüler von der 1. bis zur 13. Klasse gemeinsam unterrichtet werden. Auch in Hamburg wurde ein Schulgesetz verabschiedet, das die Zahl der Schulformen in der Sekundarstufe auf zwei reduzierte – auf Gymnasien und Stadtteilschulen. Dabei wurden Hauptschulen, Realschulen und Gesamtschulen zu sogenannten Stadtteilschulen umgewandelt. Ähnliches passierte in Bremen: die Sekundarstufe bestand seit der Schulreform aus sogenannten Oberschulen und Gymnasien. In den ostdeutschen Bundesländern gibt es ebenfalls keine Haupt- und Realschulen, sondern nur noch fusionierte Schulformen. Gleiches gilt für Schleswig-Holstein und für das Saarland.

Ziel dieser Strukturreformen war unter anderem, die Binnendifferenzierung zu fördern und damit die Anzahl von Schülerinnen und Schülern mit mittleren oder höheren Bildungsabschlüssen zu steigern und gleichzeitig Klassenwiederholungen zu reduzieren (Schulstrukturreform in Berlin, 2025). Tatsächlich war in den Ländern, die eine reformierte Sekundarschulstruktur aufweisen, ein deutlicher Rückgang der Klassenwiederholungen zwischen dem Schuljahr 2000/2001 und dem Schuljahr 2016/2017 zu verzeichnen (Autorengruppe Bildungsberichterstattung, 2018). Gleichzeitig stagnierte die Wiederholerquote in den Ländern mit unveränderter dreigliedriger Struktur, so in Bayern, Baden-Württemberg, Niedersachsen, Hessen und Nordrhein-Westfalen. Eine mögliche Erklärung für die vergleichsweise hohe Wiederholerquote in Schulsystemen mit dreigliedriger Struktur besteht darin, dass dort häufiger Schulformwechsel in anspruchshöhere Schulformen (z. B. Gymnasium) stattfinden als in Bundesländern mit zweigliedrigen Schulsystemen. Der „Aufstieg" von der Haupt- auf die Realschule oder von der Realschule auf das Gymnasium ist aber häufig an die Wiederholung der gleichen Klassenstufe, allerdings in der neuen Schule, geknüpft (Bellenberg & Forell, 2012).

Die historische Betrachtung zeigt, dass der Umgang mit Klassenwiederholungen in Deutschland einem stetigen Wandel unterlag, geprägt von bildungspolitischen Reformen und gesellschaftlichen Veränderungen. Während in der Vergangenheit die Wiederholung von Klassenstufen als gängiges Mittel zur Leistungsförderung angesehen wurde, hat sich in den letzten Jahrzehnten ein kritischer Diskurs entwickelt, der alternative Fördermaßnahmen in den Vordergrund stellt. Aktuelle Schulstrukturreformen und pädagogische Ansätze zielen darauf ab, individuelle Lernbedürfnisse stärker zu berücksichtigen und Klassenwiederholungen zu minimieren. Es bleibt abzuwarten, wie sich diese Entwicklungen in Zukunft fortsetzen und welche neuen Strategien zur Förderung von Schülerinnen und Schülern etabliert werden.

Funktionen von Klassenwiederholungen

3

> **Zusammenfassung**
>
> Klassenwiederholungen erfüllen in der schulischen Praxis mehrere Funktionen. Sie dienen der Reduzierung von Leistungsheterogenität innerhalb der Klassen, indem leistungsschwächere Schülerinnen und Schüler ausgesondert und einem zusätzlichen Förderjahr zugeteilt werden. Sie haben zugleich eine selektive, motivierende und meritokratische Funktion: Sie ermöglichen gezielte Förderung, setzen Leistungsanreize und unterstützen das gesellschaftliche Leistungsprinzip durch Versetzung als Belohnung für erfolgreiche Schüler. Zugleich werden sie auch kritisch betrachtet, da sie oft negative Folgen für Motivation und Selbstwertgefühl haben. Alternativen wie individuelle Förderung und differenzierte Lernangebote gelten als pädagogisch sinnvoller.

Klassenwiederholungen werden von Lehrkräften angeordnet. Die Entscheidung dafür wird in der Regel in Klassenkonferenzen getroffen. Jede dabei beteiligte Lehrkraft hat ihre ganz persönlichen Gründe und Motive für die Nichtversetzung einer Schülerin oder eines Schülers. Diese existieren allerdings nicht losgelöst von der Schule, sondern stehen in Wechselwirkung mit Regeln und Vorgaben, die die Schule oder das Bildungsministerium macht und an denen sich die Lehrkräfte orientieren müssen. Warum ein Kind eine Klasse wiederholt, ist nur aus der Perspektive beider Ebenen – individuell und systemisch – wirklich verstehbar.

Um die Gründe für Nichtversetzung und daran anschließende Klassenwiederholungen besser verstehen zu können, ist es hilfreich, sich zu vergegenwärtigen, was das Ziel von Schule und Unterricht ist. Schule lässt sich aus zwei Blickwinkeln betrachten. Da ist zunächst der pädagogische Blickwinkel. Schule soll Kinder und Jugendliche erziehen und bilden, ihnen Kultur vermitteln und einen Ort zum Lernen bieten (Kiper, 2001). Hier stehen die Kinder und Jugendlichen im Mittelpunkt, ihre Entwicklung und ihr Wohlbefinden sollen gefördert werden. Der andere Blickwinkel ist ein gesellschaftlicher. Schule soll etwas für die Gesellschaft tun, sie soll für sie nützlich sein, indem sie hilft, die gesellschaftliche Ordnung aufrechtzuerhalten und weiterzuentwickeln.

▶ Fend (2009) hat die gesellschaftlichen Aufgaben der Schule durch vier Funktionen beschrieben. Schule soll erstens dazu beitragen, dass Individuen sich die wichtigsten kulturellen Fertigkeiten (wie z. B. Lesen und Schreiben) zu eigen machen. Zweitens soll Schule helfen, Heranwachsende auf ihre künftige Berufstätigkeit vorzubereiten. Drittens soll Schule ermöglichen, die Heranwachsenden den in der Gesellschaft existierenden unterschiedlichen sozialen Positionen zuzuordnen. Diese Zuordnung soll nicht nach Geburt oder Herkunft, sondern auf Grundlage von Leistung erfolgen. Und schließlich soll Schule erreichen, dass Heranwachsende zur sozialen Teilhabe an der bestehenden gesellschaftlichen Ordnung befähigt werden. Das geschieht, indem in der Schule die gesellschaftlich relevanten sozialen Regeln (z. B. Demokratieverständnis) vermittelt werden.

3.1 Die Homogenisierungsfunktion (Verringerung von Heterogenität der Schülerschaft)

Die verschiedenen Ziele und Funktionen, die Schule hat, treffen nun auf eine sehr unterschiedliche Schülerschaft. In der Literatur wird diese Unterschiedlichkeit häufig mit dem Begriff der Heterogenität beschrieben. Merkmale von Heterogenität sind zum Beispiel die unterschiedlichen kognitiven, sprachlichen und sozialen Voraussetzungen der Schülerinnen und Schüler, ihre unterschiedlichen Neigungen, Bedürfnisse und Interessen, ihre Haltungen und Einstellungen gegenüber bestimmten Themen und Inhalten, ihre Leistungsfähigkeit und Leistungsmotivation, ihr Geschlecht, ihr Alter, ihre kulturellen Werte und Normen und ihre körperliche Verfassung.

Die Schule gilt als eine große Gleichmacherin (Downey & Condron, 2016). Ihrem gesellschaftlichen Auftrag entsprechend versucht sie, allen Schülerinnen und Schülern zentrale Kompetenzen, Werte und Normen zu vermitteln und dadurch die ursprüngliche Heterogenität in diesen Merkmalen zu verringern. Damit übt Schule einen normierenden Einfluss auf Schülerinnen und Schüler aus (Wenning, 2007). Diese Normierung kommt vielen Lehrkräften entgegen, da Lehrkräfte Heterogenität bei ihren Schülerinnen und Schülern häufig als Erschwernis empfinden (Reh, 2005). Andererseits sollen am Ende ihrer schulischen Bildung auch nicht alle Schülerinnen und Schüler „gleich" sein. Unterschiede sind gewünscht, wenn es zum Beispiel um die Besetzung unterschiedlicher beruflicher Positionen geht, für die jeweils unterschiedliche Kompetenzen und Bildungsabschlüsse notwendig sind.

Es gibt unterschiedliche Wege, mit der Heterogenität von Schülerschaften umzugehen (Carl, 2017). Heterogenität kann zum einen *verringert* werden, die Schülerschaft wird dadurch in Bezug auf bestimmte Merkmale homogener. Das lässt sich praktisch umsetzen, in dem zum Beispiel Schülerinnen und Schüler unterschiedlichen Schulformen (Gymnasium, Realschule, Hauptschule) oder innerhalb einer Schulform unterschiedlichen Kursen (z. B. Leistungskursen) zugewiesen werden. Diese Form der Verringerung von Heterogenität lässt sich auch als Separation oder Selektion beschreiben. Eine weitere Form der Reduktion von Heterogenität ist der Abbau von Lerndefiziten bei einzelnen Schülerinnen und Schülern durch gezielte Fördermaßnahmen (z. B. im Rahmen der Binnendifferenzierung).

Zum anderen kann Heterogenität auch *akzeptiert* werden, indem sie produktiv genutzt wird. Unterschiede zwischen Schülerinnen und Schülern werden versucht beizubehalten oder gegebenenfalls sogar verstärkt. So können beim entdeckenden Lernen Schülerinnen und Schüler – in Abhängigkeit von ihren jeweiligen Leistungsniveaus und Interessen – eigenen Fragestellungen nachgehen. Schülerinnen und Schüler mit besonderen Fähigkeiten können durch exklusive Förderung (z. B. Hochbegabtenförderung) separat von ihren Mitschülern unterrichtet werden.

Auch die Klassenwiederholung ist eine Form des Umgangs mit Schülerheterogenität. Sie soll durch die Auslese der leistungsschwächsten Schülerinnen und Schüler bewirken, dass innerhalb der Klasse Leistungsheterogenität verringert wird (Bellenberg, 1999). Dadurch soll auch das Unterrichten einfacher werden, da davon ausgegangen wird, dass Schülerinnen und Schüler in leistungshomogenen Klassen besser lernen als in leistungsheterogenen Klassen (Esser & Seuring, 2020).

Klassenwiederholungen haben also eine deutlich selektive Funktion. Der angedrohte Ausschluss aus der Lerngemeinschaft wird bisweilen auch als Druckmittel benutzt, um Schülerinnen und Schüler zu größerer Anstrengung, besser Leistung oder Wohlverhalten zu motivieren (Palowski, 2016b). Wenn nämlich das Sitzenbleiben als persönlicher Misserfolg der Schülerin bzw. des Schülers interpretiert wird, dann wird diese oder dieser die Ermahnung an die Option Sitzenbleiben vermutlich als Hinweis begreifen, durch mehr Anstrengung das unerwünschte Ereignis zu vermeiden.

Klassenwiederholungen sollen allerdings nicht nur auslesen, sondern auch fördern. Hier kommt der pädagogische Aspekt der Klassenwiederholung ins Spiel. Die homogenisierende Wirkung der Klassenwiederholung durch Auslese der leistungsschwächeren Schülerinnen und Schüler soll letztlich *allen* Schülerinnen und Schülern zugutekommen. Diese Sichtweise illustriert das folgende Zitat von Kniel (1976, S. 7):

> Schulische Selektion, z. B. die Praxis der Nichtversetzung im Jahrgangsklassensystem oder der Übergang auf eine Schulform mit geringeren Leistungsanforderungen, geht von der

Annahme aus, dass eine homogene Leistungsgruppierung von Schülern durch diese Maßnahme erreichbar und wünschenswert sei. Durch die Nichtversetzung soll dem Schüler Gelegenheit gegeben werden, seine Leistungsrückstände aufzuarbeiten und den Anschluss an die Lerngruppe wiederzugewinnen. Diese Selektionsmechanismen sollen jedoch nicht nur den betroffenen Schülern selbst, sondern auch der gesamten Lerngruppe helfen. Man geht von der Annahme aus, dass eine möglichst große Homogenität des Leistungsstandes zu einem größeren Lernfortschritt der Gruppe führt.

3.2 Die remediale Funktion (Förderung)

Grundsätzlich sind Klassenwiederholungen auch mit einer pädagogischen Erwartung verknüpft. Mit dem Sitzenbleiben wird nämlich das Ziel verfolgt, den Schülerinnen und Schülern die Wiederholung der Inhalte des Schuljahres innerhalb eines zusätzlichen Jahres und in einer neuen Lerngruppe zu ermöglichen, um den Bildungsweg fortsetzen zu können. Dabei wird angenommen, dass das nochmalige Durchlaufen des Schuljahres zum Erreichen der Lernziele führt und die neue Lerngruppe bessere Entwicklungschancen bietet (Klemm, 2009). Insofern kann das Sitzenbleiben auch als Fördermaßnahme aufgefasst werden.

Die Zuweisung von leistungsschwachen Schülerinnen und Schülern zu einer in der Lernzeit ein Jahr zurück liegenden Klasse soll die Betroffenen entlasten und ihnen gleichzeitig eine zusätzliche Chance zur kognitiven und emotionalen Entwicklung bieten. Dies wird auch die remediale (= Abhilfe schaffende) Funktion von Klassenwiederholungen genannt. In einer jüngeren Lerngruppe sollen die Betroffenen die Chance haben, ohne zusätzliche Belastung durch neue Inhalte ihre Rückstände in einzelnen Fächern aufzuholen. Die dahinter stehende Annahme ist, dass das Wiederholen des bereits unterrichteten Stoffs einen Zugewinn an Fertigkeiten und Kompetenzen in den „problematischen" Fächern zur Folge hat. Gefördert werden soll auch das Selbstwertgefühl der Wiederholerinnen und Wiederholer. Und zwar dadurch, dass sie durch den Kompetenzzuwachs im wiederholten Jahr auch wieder mehr Selbstvertrauen in ihre eigenen Fähigkeiten bekommen (Asberger et al., 2021).

Der Förderaspekt wird vor allem bei freiwilligen Klassenwiederholungen betont. Dass zumindest die betroffenen Schülerinnen und Schüler sowie ihre Eltern an eine Förderung glauben, belegen die Quoten freiwilliger Wiederholungen in einigen Bundesländern. So finden in Bayern etwa ein Drittel aller Wiederholungen – vor allem in den Abschlussklassen – freiwillig statt (Lankes et al., 2018).

3.3 Die motivierende Funktion

Klassenwiederholungen werden von Schülerinnen und Schülern häufig als Bestrafung empfunden (Anderson et al., 2002). Lehrkräfte wissen das und können sie so als negative Konsequenz eines wenig erfolgreichen Schuljahres androhen. Das Vermeiden von Klassenwiederholung kann somit ein Motiv für Schülerinnen und Schüler werden. Im günstigsten Fall können sie dadurch angeregt werden, sich mehr anzustrengen und bessere Ergebnisse im Unterricht und in Prüfungen zu produzieren. Im ungünstigsten Fall kann aber das „Damoklesschwert" der Klassenwiederholung Angst und Schulunlust erzeugen (Holt et al., 2009).

Motivierend kann für Schülerinnen und Schüler auch die Möglichkeit sein, dass Klassenwiederholungen zu einer Verbesserung ihrer schulischen Leistungen beitragen. Sie können die Wiederholung als „zweite Chance" begreifen und das zusätzliche Schuljahr nutzen, um ihre Noten zu verbessern. Tatsächlich liefern einige Studien Hinweise darauf, dass Schülerinnen und Schüler eine Klassenwiederholung anfangs zwar als einschneidendes Erlebnis, im Nachhinein aber auch als Entwicklungschance betrachteten (Vockert et al., 2021).

3.4 Die meritokratische Funktion (Aufrechterhaltung des Leistungsprinzips)

Befürworter von Klassenwiederholungen behaupten gelegentlich, dass sie dazu beitrügen, das Leistungsprinzip, das in der Gesellschaft und so auch in Schulen gilt, aufrechtzuerhalten (Wößmann et al., 2014). Nach diesem sollen nur diejenigen belohnt werden, die etwas geleistet haben, sich also von denjenigen in Bezug auf bestimmte Leistungen oder Ergebnisse unterscheiden, die nichts oder wenig geleistet haben. Auf Klassenwiederholungen angewandt, besteht die Belohnung in der Versetzung in die nächsthöhere Klassenstufe. Sie sollte demnach nur denjenigen offenstehen, die sich durch gute schulische Leistungen hervorgetan haben.

Die aus dieser Perspektive abzulehnende Alternative ist die soziale Promotion, also das Voranschreiten von Schülerinnen und Schülern in die nächste Klassenstufe trotz unzureichender Beherrschung der aktuellen Lerninhalte. Die Praxis der sozialen Promotion wurde in den frühen 1960er Jahren in den USA als gut gemeinte, aber fehlgeleitete Anwendung der Forschungsergebnisse zur Klassenwiederholung eingeführt. Damalige Studien wiesen darauf hin, dass das Wiederholen einer Klasse kaum positive Effekte für die Kinder hatte: Nicht zurückgestufte Schüler erzielten gleiche oder bessere Leistungen als ihre wiederholenden Mitschüler, und letztere hatten ein erhöhtes Risiko, die Schule abzubrechen. Daraus entstand die Überlegung, Kinder einfach in die nächsthöhere Klasse zu versetzen. Diese Logik fand zunehmend Anklang in den Schulen, da sie dem fürsorglichen Ansatz vieler Pädagogen entsprach. Man ging davon aus, dass das Wiederholen das

Selbstwertgefühl der Schüler schädige, während das Voranschreiten ihnen sozial helfe, ohne ihre akademische Leistung zu beeinträchtigen oder das Risiko eines Schulabbruchs zu erhöhen. Die soziale Promotion bot eine einfache Alternative zur Wiederholung mit positivem Image für die Eltern: Überalterte Schüler würden nicht im regulären Klassenzimmer verbleiben und jüngere Schüler „negativ beeinflussen" (Owings & Kaplan, 2001).

Doch es entstand ein neues Problem. Mit der Zeit bemerkten einige Schülerinnen und Schüler, dass sie ohne eigene Anstrengung versetzt würden. Zudem wurden viele sozial beförderte Schülerinnen und Schüler den Anforderungen der nächsten Klasse nicht gerecht, da ihnen wesentliche Fähigkeiten und Kenntnisse fehlten. Sie konnten dem Unterricht nicht folgen, weil ihnen die kognitiven Grundlagen aus vorherigem Lernen fehlten, was zu weiterem Versagen führte. Auch wissenschaftliche Studien zeigten, dass die soziale Promotion ähnlich negative Auswirkungen wie das Wiederholen einer Klasse hat (Bulla & Gooden, 2003; Riley et al., 1999).

Aufgrund des steigenden Drucks zur Rechenschaftspflicht hat die damalige Bundesregierung der USA darauf gedrängt, die soziale Promotion zu beenden. Der an ihre Stelle getretene „No Child Left Behind" (NCLB) Act, der 2002 von Präsident Bush unterzeichnet wurde, hat zwar zu einer erhöhten Forderung nach Schülerverantwortlichkeit geführt, war allerdings auch mit einem auffälligen Anstieg der Wiederholungsraten verknüpft (Bulla & Gooden, 2003; United States Department of Education, 2006). Die soziale Promotion hat damals als Negation des Leistungsprinzips und als vermeintliche Alternative zur Klassenwiederholung zur Rechtfertigung ihrer Praxis beigetragen.

3.5 Klassenwiederholung als Mittel zum Schulformerhalt bzw. Schulformaufstieg

In den deutschen Bundesländern liegt eine hierarchische Struktur des Systems der Sekundarstufe vor. Dort finden sich mehrgliedrige Schulsysteme mit unterschiedlichen Schularten. In allen Schulsystemen ist der akademisch anspruchsvollste Schulzweig das Gymnasium. Zusätzlich gibt es in jedem Bundesland eine Gesamt- bzw. Gemeinschaftsschulform, in der keine strikte Trennung der Schulzweige vorliegt, und eine Förderschule. Zurzeit (Stand 2025; siehe auch Autor:innengruppe Bildungsberichterstattung, 2024) gibt es in Deutschland neben zweigliedrigen Systemen (Gymnasium plus eine weitere Schulart) und „zweigliedrig erweiterten Systemen" (Gymnasium plus eine Schulart mit zwei oder drei Bildungsgängen) noch die „traditionellen" Systeme mit einer Vielzahl eigenständiger Schularten (z. B. Hauptschule, Realschule, Gymnasium). Zwischen den unterschiedlichen Schulformen können Wechsel stattfinden, wenn eine „Passung" zwischen dem Leistungsvermögen der Schülerinnen und Schüler und den Anforderungen einer Schule nicht mehr vorliegt. Wechsel können „Aufstiege" (der Wechsel von einer weniger anspruchsvollen zu einer anspruchsvolleren Schulform) oder „Abstiege" (der

Wechsel von einer anspruchsvolleren zu einer weniger anspruchsvollen Schulform) sein. Im Durchschnitt kommen Abstiege häufiger vor als Aufstiege (Bellenberg & Forell, 2012; Klapproth et al., 2013, Klapproth et al., 2014).

Abstiege werden häufig als negatives einschneidendes Erlebnis betrachtet. Die betroffenen Schülerinnen und Schüler können es als einen Makel erleben, in eine neue Schulform zu wechseln, weil sie den Anforderungen der vorherigen Schulform nicht gewachsen waren (Bellenberg & Forell, 2012). Aufstiege dagegen bieten den Schülerinnen und Schülern neue Bildungsoptionen. Allerdings werden die Schülerinnen und Schüler in der neuen Schulform auch mit höheren Anforderungen konfrontiert, was eine Belastung für sie darstellen kann.

Um die aus Schulformwechseln entstehenden Belastungen für die betroffenen Schülerinnen und Schüler zu vermeiden oder zumindest abzuschwächen, werden in manchen Bundesländern Klassenwiederholungen angeordnet. Im Falle eines drohenden Abstiegs, zum Beispiel vom Gymnasium auf die Realschule, kann eine Wiederholung der gleichen Klassenstufe den Schulformerhalt sichern (Bellenberg & Forell, 2012), da sich die Leistungsdefizite des Schülers bzw. der Schülerin durch die Wiederholung des Lernstoffs möglicherweise verringern lassen. Andererseits können Klassenwiederholungen auch dann angeordnet werden, wenn Schülerinnen und Schüler aufsteigen, zum Beispiel von der Haupt- auf die Realschule. Die Klassenwiederholung findet in diesem Fall in der neuen Schulform statt und wird mit dem Ziel angeordnet, dem Kind den Weg in einen anspruchsvolleren Bildungsgang zu erleichtern (Bellenberg & Forell, 2012). In manchen Bundesländern können versetzungsgefährdete Schülerinnen und Schüler eine Nachprüfung ablegen oder auf Probe vorrücken. Darüber hinaus besteht oft die Möglichkeit zum freiwilligen Wiederholen, damit die Chancen für das Erreichen eines Schulabschlusses erhöht werden bzw. die Schule mit besseren Noten abgeschlossen wird (Bellenberg, 2020).

Tatsächlich zeigt sich empirisch, dass in Bundesländern mit einer traditionellen Sekundarstufe Klassenwiederholungen häufiger auftreten als in Bundesländern mit zweigliedrigen Schulsystemen (Autorengruppe Bildungsberichterstattung, 2018). Es ist zu vermuten, dass dieser Unterschied auch dadurch zustande kommt, dass in traditionellen Systemen Schulformwechsel häufiger stattfinden als in zweigliedrigen Systemen (Bellenberg & Forell, 2012).

Abschließend lässt sich festhalten, dass Klassenwiederholungen in der schulischen Praxis vielfältige Funktionen erfüllen. Sie dienen nicht nur der Homogenisierung von Lerngruppen und der individuellen Förderung von Schülerinnen und Schülern, sondern auch der Aufrechterhaltung des Leistungsprinzips und der Steuerung von Bildungswegen innerhalb des mehrgliedrigen Schulsystems. Gleichzeitig sind sie Ausdruck eines Spannungsfeldes zwischen pädagogischen Zielen und gesellschaftlichen Erwartungen. Es ist daher von zentraler Bedeutung, die individuellen Bedürfnisse der Lernenden mit den strukturellen Anforderungen des Bildungssystems in Einklang zu bringen, um sowohl gerechte Bildungschancen als auch eine effektive Lernumgebung zu gewährleisten.

Argumente pro und kontra Klassenwiederholung und die Schülerperspektive

4

> **Zusammenfassung**
>
> Die Debatte um Klassenwiederholungen ist kontrovers und umfasst sowohl pädagogische als auch gesellschaftliche Argumente. Kritiker bemängeln vor allem deren fehlende Wirksamkeit, negative soziale und emotionale Folgen wie Stigmatisierung, Demotivation und Langeweile sowie die erheblichen finanziellen Kosten. Befürworter sehen hingegen in Klassenwiederholungen eine Chance zur gezielten Förderung, Leistungsverbesserung und Aufrechterhaltung des gesellschaftlichen Leistungsprinzips. Schülerperspektiven variieren je nach Erfahrung stark: Während jüngere Schüler Klassenwiederholungen häufig negativ wahrnehmen, empfinden ältere Schüler diese gelegentlich als Chance zur persönlichen Entwicklung und Verbesserung ihrer schulischen Leistungen. In der Praxis erscheinen alternative, individuell angepasste Fördermaßnahmen zunehmend sinnvoller.

Die Diskussion über Vor- und Nachteile von Klassenwiederholungen ist ideologisch geprägt (Fabian, 2020). Einstellungen über Klassenwiederholungen unterscheiden sich stark zwischen einzelnen gesellschaftlichen Gruppierungen. Repräsentative Umfragen (ifo Bildungsbarometer (Freundl et al., 2022); Vodafone Stiftung Deutschland, 2013) zeigen, dass Klassenwiederholungen in der Bevölkerung mehrheitlich auf Zustimmung stoßen. Je nach Studie lehnen demnach nur 14 bis 32 % der Befragten Klassenwiederholungen explizit ab. In diesem Kapitel werden Argumente vorgestellt, die von Befürwortern und Gegnern von Klassenwiederholungen häufig ins Feld geführt werden. Sie spiegeln die gesellschaftliche Auseinandersetzung mit diesem Thema wider. Ich beginne mit den Argumenten, die sich gegen Klassenwiederholungen als pädagogische Maßnahme aussprechen und schließe danach die Pro-Argumente an, weil sich letztere in den meisten Fällen auf die Kontra-Argumente beziehen. Am Ende dieses Kapitels kommen die Betroffenen selbst – die Schülerinnen und Schüler – zu Wort.

4.1 Kontra

Ein häufig wiederkehrendes Argument gegen die Praxis der Klassenwiederholung ist der fehlende Wirksamkeitsnachweis. Gegner von Klassenwiederholungen betonen, dass Klassenwiederholungen nicht den erhofften Effekt zeitigen, insbesondere dann, wenn im wiederholten Jahr keine zusätzlichen Fördermaßnahmen stattfinden. So sagt zum Beispiel Hans-Peter Vogeler, Vorsitzender des Bundeselternrats (von 2009 bis 2014) in einem Interview mit dem Online-Portal „Bildungsklick.de" vom 19.03.2014:

> Sitzenbleiben bringt leistungsmäßig nichts und schadet der Motivation. War ein Schüler ein halbes Jahr krank, kann es sinnvoll sein, das Schuljahr zu wiederholen. Aber das sind Ausnahmen. Der normale Wiederholer muss seinen Platz in einer neuen Klasse finden, was leicht ein halbes Jahr dauern kann. Und dann wiederholt er sechs Fächer, in denen er den Stoff kann, nur weil er in zwei Fächern schwach war. Gewöhnlich liegt es an einer ungeeigneten Lernhaltung. Die wird nicht besser, wenn er einfach nur wiederholt, ohne spezielle Förderung.

Auch mögliche soziale Folgen einer Klassenwiederholung werden von Gegnern der Klassenwiederholung genannt, um das Sitzenbleiben zu delegitimieren. So wird im Grundsatzprogramm der Landesschüler*innenvertretung Nordrhein-Westfalen betont, dass das Sitzenbleiben unpädagogisch sei,

> … da es zum einen die betroffenen SchülerInnen aus einer Klassengemeinschaft reißt und ihnen das Gefühl vermittelt, sie seien gescheitert. Zum anderen ist davon auszugehen, dass SchülerInnen nicht grundsätzlich zu schlecht sind, sondern sie oft nur auf einzelnen Fachgebieten Nachholbedarf haben. Darüber hinaus sollte eine sozialpädagogische Betreuung angeboten werden. Es reicht also vollkommen, den SchülerInnen eine spezielle Förderung anzubieten (Landesschüler*innenvertretung NRW, 2022, S. 19).

Klassenwiederholungen werden auch mit einer möglichen Traumatisierung der betroffenen Schülerinnen und Schüler in Verbindung gebracht. Im Deutschlandfunk erklärt Vogeler, dass die Botschaft, die ein Schüler erhält, wenn er nicht versetzt wird, lautet: „Du hast versagt" (Braun, 2011).

Ein weiteres, häufig vorgebrachtes Argument sind die Kosten, die durch Klassenwiederholungen verursacht werden. Im September 2009 wurde eine Studie mit dem Titel „Klassenwiederholungen – teuer und unwirksam" von der Bertelsmann-Stiftung veröffentlicht. Darin wird beklagt, dass das Sitzenbleiben jedes Jahr 931 Mio. € koste (Klemm, 2009). Ähnlich argumentiert auch die Präsidentin des Bayerischen Lehrer- und Lehrerinnenverbandes (BLLV), Simone Fleischmann: „Die Defizite, die die Kinder haben, werden durch das Wiederholen nicht aufgeholt. Es ist ein wahnsinnig teures Instrument und wirkt demotivierend für die Kinder. Diese hohen Wiederholungsquoten sind ein Armutszeugnis der bayerischen Schulpolitik." (BLLV-Präsidentin Simone Fleischmann im Interview mit *BuzzFeed News Deutschland* zur hohen Wiederholungsquote in Bayern, Seitler, 2024).

Dass Klassenwiederholungen ineffizient seien, beklagt auch der stellvertretende Bundesvorsitzende im Verband Bildung und Erziehung (VBE), Tomi Neckov. Er sagt: Wenn ein Kind ein komplettes Schuljahr wiederholen muss, weil es in zwei Fächern die entsprechenden Leistungen nicht gebracht hat, dann ist das extrem ineffizient." Das Wiederholen könne die Kinder stigmatisieren, sie fühlten sich als Versager, argumentiert Neckov weiter (Brautzsch, 2024).

Der Leiter des Direktorats der Organisation für wirtschaftliche Zusammenarbeit und Entwicklung (OECD), Andreas Schleicher, hat gefordert, das Sitzenbleiben endgültig abzuschaffen. „Genauso wenig wie die Ehrenrunde dem Sportler etwas bringt, gewinnt der Schüler dabei", sagte Schleicher in einem Interview der Nachrichtenagentur AP (zitiert nach Welt.de, 2008). Es sei wissenschaftlich belegt, „dass Sitzenbleiben für den einzelnen Schüler keinen Leistungsgewinn bringt, sondern die Probleme nur um ein Jahr verschiebt". Zudem koste ein Wiederholungsjahr die Volkswirtschaft zwischen 15.000 und 18.000 €, wenn einbezogen werde, „dass dieser Schüler ein Jahr weniger Steuern zahlen wird. Überlegen Sie einmal, was man mit diesem Geld machen könnte, um Schüler individuell zu fördern."

4.2 Pro

Lehrkräfte und Schulleitungen scheinen unterschiedliche Auffassungen hinsichtlich der Wirksamkeit des Sitzenbleibens zu haben. In einer Studie von Range et al. (2012) konnte gezeigt werden, dass Lehrkräfte im Gegensatz zu Schulleiterinnen und Schulleitern generell unterstützender gegenüber dem Sitzenbleiben sind. Befürworter des Sitzenbleibens argumentieren zum Beispiel, dass Schülerinnen und Schüler, die den Lehrstoff eines Schuljahres (oder wesentliche Teile daraus) nicht verstehen, vom Lehrstoff der nächsten Klassenstufe nicht profitieren werden (Tanner & Combs, 1993; Powell, 2010).

Oft liegt einer positiven Sicht auf Klassenwiederholungen eine lineare Sichtweise des Lernens zugrunde. Diese beruht auf dem Glauben, dass Lernen „eine Bausteinstruktur ist, bei der eine Fertigkeit oder ein Konzept beherrscht werden muss, bevor die nächste höhere Fertigkeit oder das nächste Konzept erlernt werden kann" (Norton, 2011, S. 211). Nach dieser Auffassung gibt das Sitzenbleiben leistungsschwachen Schülerinnen und Schülern die Möglichkeit, ihr Verständnis zu vertiefen.

Einer der exponiertesten derzeitigen Befürworter von Klassenwiederholungen in Deutschland ist Heinz-Peter Meidinger, Vorsitzender des Deutschen Philologenverbandes von 2004 bis 2017 und Präsident des Deutschen Lehrerverbandes von 2017 bis 2023. Zwar räumt auch er ein, dass es unnötige Klassenwiederholungen gebe, die bei rechtzeitiger

Förderung hätten vermieden werden können; dennoch ermöglichten Klassenwiederholungen das „Schließen von Stofflücken" (bildungsklick, 2014). Dieses leistungsbezogene Argument findet sich auch in älteren Statements von Meidinger und dem Deutschen Philologenverband, so zum Beispiel in einer Pressemitteilung vom 21.07.2006 (verbaende.com, 2006). Dort heißt es mit Bezug auf eine Studie des Rheinisch-Westfälischen Instituts für Wirtschaftsforschung, dass jeder zweite Sitzenbleiber einen besseren Abschluss schaffe als ein vergleichbarer Nicht-Sitzenbleiber, und dass das Risiko, die Schule mit einem niedrigen Bildungsabschluss zu beenden, bei den Wiederholern um ein Viertel geringer sei als bei der Vergleichsgruppe.

Meidinger widerspricht der Annahme, dass Klassenwiederholungen traumatisch für die betroffenen Kinder und Jugendlichen seien. „Es ist nach meinen Erfahrungen auch ein Zerrbild, wenn das Sitzenbleiben generell mit Identitätskrisen und der Traumatisierung von Kindern in Verbindung gebracht wird. Meist finden die Wiederholer sehr schnell Anschluss und gewinnen oft neues Selbstwertgefühl." (bildungsklick, 2014).

Auch die Höhe der zusätzlichen Kosten, die Klassenwiederholungen verursachen, ficht ihn nicht an. „Deshalb kann ich auch nicht verstehen, wenn manche Bildungspolitiker über die Kosten von Klassenwiederholungen jammern. Wenn es der Erreichung des Abschlusses dient, ist es nie verschleudertes Geld." (bildungsklick, 2014). Ähnlich argumentiert auch Josef Kraus, ehemaliger Präsident des Deutschen Lehrerverbandes. In Bezug auf Überlegungen hinsichtlich der Kosten von Klassenwiederholungen „wird die sozialpolitisch und pädagogisch durchaus relevante Frage, ob es denn nicht des Geldes wert sei, Sitzenbleibern ein Jahr zur Konsolidierung zu gönnen, gar nicht erst gestellt (Der Lehrerfreund, 2013).

Meidinger rügt auch die zunehmende Tendenz, Klassenwiederholungen einzugrenzen oder gar abzuschaffen. Eine Klassenwiederholung sei „keine Strafmaßnahme, sondern ein pädagogisches Mittel. Wenn ein Schüler trotz oft zusätzlicher Förderung das Klassenziel in gleich mehreren Fächern nicht schafft, braucht er Hilfe. Etwa die Chance, den Stoff in Ruhe aufzuholen" (News4Teachers, 2015). Der Deutsche Philologenverband bezeichnet Klassenwiederholung sogar als „staatlich finanzierten Nachhilfeunterricht" (Deutscher Philologenverband, 2006).

Meidinger und der Philologenverband stehen mit ihrer Meinung nicht alleine. Tatsächlich gibt es in der deutschen Bevölkerung eine breite Zustimmung zur Klassenwiederholung. Das zeigen auch aktuelle Daten aus dem Bildungsbarometer des ifo-Instituts (Werner et al., 2023), die einer repräsentativen Stichprobe von 5636 Personen aus Deutschland entstammen. In dieser Studie sprachen sich 78 % der Befragten für Klassenwiederholungen als pädagogische Maßnahme für Schülerinnen und Schüler mit schlechten Leistungen aus.

4.3 Die Schülerperspektive

Schülerinnen und Schüler nehmen Klassenwiederholungen sehr verschieden wahr und haben ihr gegenüber unterschiedliche Einstellungen. Die hier vorgestellten Untersuchungen zeigen, dass Wahrnehmung und Akzeptanz dieser Maßnahme im Wesentlichen davon abhängen, wie sie von Schülerinnen und Schülern individuell erlebt wurde. Schülerinnen und Schüler adressieren dabei häufig die Wirksamkeit von Klassenwiederholungen, die durch sie entstehenden emotionalen Belastungen, ihre Wirkung auf Freundschaften und soziale Eingebundenheit sowie das Aufkommen von Langeweile.

In einer Studie von Palowski et al. (2014) wurden Oberstufenschülerinnen und -schüler nach ihrer Sicht auf Klassenwiederholungen befragt. Auf der positiven Seite fand sich das Argument, dass sich durch das Wiederholen eines Schuljahres die Leistungen in der Schule verbessern lassen. Klassenwiederholungen wurden somit von einigen der befragten Schülerinnen und Schüler als Chance gesehen, in einem erneuten Versuch das Klassenziel zu erreichen. Berichte von Schülerinnen und Schülern, die eine Klasse wiederholt hatten, zeigen außerdem, dass das Wiederholen ihnen subjektiv bedeutsame Erfahrungen und Lernprozesse ermöglicht habe und sie den schulischen Erfolg im Wiederholungsjahr auf ihre eigene Anstrengung zurückgeführt haben. In der Studie von Palowski et al. (2014) antwortet eine Gesamtschülerin, die die 12. Klasse wiederholt hat, auf die Frage, ob sich die Wiederholung für sie gelohnt habe:

> Auf jeden Fall! Mein Notendurchschnitt ist besser als jemals. Und – ich habe jede Menge Leute, mit denen ich halt Kontakt habe. Und auch mit manchen anderen, älteren Kollegiaten aus dem letzten Jahrgang … Also – ich sehe keinen Nachteil. Also, ob ich jetzt ein Jahr später studieren gehe oder nicht, macht für mich gar nichts aus. (S. 136).

Allerdings finden sich in dieser Studie auch Nachteile von Klassenwiederholungen aus Schülersicht. Dazu gehört, dass Klassenwiederholungen nicht zu einer Veränderung von Einstellungen, Lernverhalten und Leistungen führen. Darüber hinaus wurde Wiederholung von einigen als frustrierend erlebt und im Zusammenhang mit Schulmüdigkeit gesehen. Eine Schülerin verdeutlicht diese Sichtweise, als sie gefragt wurde, ob sich die Wiederholung der elften Klasse für sie gelohnt habe:

> Nein. Weil: Es war ja genau nochmal dasselbe, was ich gemacht habe. Und im Prinzip, ich konnte es auch vorher schon. Das war halt dann – ja, im Endeffekt denkt man sich, „ja, toll. Das Ganze, was du in der Elf gemacht hast, brauchst du nicht für das Abi. Hast das aber zweimal gemacht." … Alles, was ich da gelesen habe, was ich da machen musste: unwichtig! (S. 137).

Diese negative Sicht auf die erlebte Klassenwiederholung wird durch andere Untersuchungen bekräftigt, wie zum Beispiel durch die Studie von Penna und Tallerico (2005). In dieser Studie wurden ehemalige Schülerinnen und Schüler interviewt, die vorzeitig die

Schule abgebrochen und mindestens einmal eine Klasse wiederholt hatten. Die rückblickenden Bewertungen der Teilnehmenden waren durchweg negativ. Ein Leistungszuwachs konnte nicht festgestellt werden. Stattdessen erinnerten die Probanden, dass sich durch das bloße Wiederholen des gleichen Stoffs („the same teacher, the same curriculum, the same seat") keine Veränderung im Verständnis der Inhalte gezeigt hatte, die bereits das Jahr zuvor nicht verstanden wurden. Begünstigt wurde nach Auffassung der Probanden das Ausbleiben eines Lernfortschritts auch durch das Lehrerverhalten. Einige Probanden berichteten, dass sie von den Lehrkräften weniger statt mehr gefördert wurden, weil sie den Stoff ja bereits unterrichtet bekommen hatten. Dazu kam, so die Teilnehmenden der Studie, eine mangelnde Wertschätzung der Mitschüler in der neuen Klasse. Die Sitzengebliebenen wurden als dumm dargestellt und erlebten verbale Erniedrigung und Mobbing.

Das Wiederholen einer Klassenstufe beeinflusst auch das Zugehörigkeitsgefühl der Schüler, da sie nicht mehr mit ihren gleichaltrigen Mitschülern zusammen sind und einer neuen Gruppe von Schülerinnen und Schülern beitreten müssen, die jünger sind als sie. In einer Interviewstudie konnte Richardson (2016) zeigen, dass Klassenwiederholer Schwierigkeiten erlebten, eine neue Peer-Gruppe zu bilden, und viel Zeit allein verbrachten, weil sie ihre Klassenkameraden als „zu unreif" betrachteten. Die Teilnehmenden der Studie gaben darüber hinaus an, dass das Wiederholen einer Klassenstufe zu Langeweile führte, was sie davon abhielt, sich aktiv zu engagieren und regelmäßig zur Schule zu gehen. Als Gründe für Langeweile und Unterforderung im Klassenzimmer unmittelbar nach dem Wiederholen gaben einige Schülerinnen und Schüler an, dass viele Lehrkräfte jedes Jahr identische Arbeitsblätter und Power-Point-Präsentationen verwendeten, sodass einige Schülerinnen und Schüler die Schulaufgaben aus dem Vorjahr einreichten, statt die gleichen Aufgaben noch einmal zu erledigen.

Oft zeigen sich Differenzen zwischen jüngeren und älteren Schülern. In verschiedenen Studien konnte gezeigt werden, dass vor allem Grundschülerinnen und Grundschüler Klassenwiederholungen überwiegend mit negativen Gefühlen (Stress, Ärger, Traurigkeit) assoziierten und skeptisch hinsichtlich ihrer Wirksamkeit waren (Byrnes, 1989). Eindrucksvolle Ergebnisse lieferte eine U.S.-amerikanische Studie von Anderson et al. (2005), in der 237 Grundschülerinnen und Grundschüler der ersten, dritten und sechsten Klasse danach gefragt wurden, was für sie besonders belastende (hypothetische) Ereignisse zu Hause und in der Schule wären. Das in zwei Klassenstufen (1. und 3. Klasse) ermittelte am stärksten belastende Ereignis war der Verlust der Eltern, gefolgt von einer medizinischen Operation (Klasse 1) bzw. elterlichem Streit (Klasse 3). In Klasse 3 folgte auf Platz 5 bereits die Klassenwiederholung. In Klasse 6 dagegen beurteilten die Schülerinnen und Schüler die Klassenwiederholung sogar als das am stärksten belastende Ereignis, noch vor dem Verlust der Eltern oder einer Erblindung.

Ältere Schülerinnen und Schüler schienen dagegen eher eine positive Einstellung gegenüber Klassenwiederholungen zu haben (Hagborg, 1993; Sandoval & Fitzgerald, 1985). Sandoval und Fitzgerald (1985) haben erwachsene High-School-Schülerinnen und -Schüler nach ihren Erfahrungen mit Klassenwiederholungen in der Grundschulzeit gefragt. Dabei zeigte sich, dass sie im Rückblick mehrheitlich positive Erfahrungen berichteten. So beschrieben die Klassenwiederholer, mehr Freundschaften eingegangen zu sein als die versetzten Schüler, während sich zwischen beiden Gruppen in der wahrgenommenen Schulleistung und im erlebten Selbstwert kein Unterschied zeigte. In der Studie von Hagborg (1993) wurden ehemalige High-School-Schülerinnen und -Schüler nach ihren Einstellungen zum Sitzenbleiben befragt. Kaum einer der Befragten verband Klassenwiederholung mit negativen persönlichen Konsequenzen. Einige betrachteten Klassenwiederholungen sogar als günstig im Hinblick auf ihren späteren Schulerfolg. Die Mehrheit der befragten Schülerinnen und Schüler war sich jedoch unsicher darüber, ob das Sitzenbleiben einen positiven oder negativen Effekt hatte.

Die Debatte über Klassenwiederholungen bleibt komplex und vielschichtig. Während einige Argumente auf die fehlende Wirksamkeit, die sozialen und emotionalen Belastungen sowie die hohen Kosten hinweisen, heben Befürworter die Chancen zur Schließung von Wissenslücken und zur Verbesserung der Leistungen hervor. Die Perspektiven der Schülerinnen und Schüler verdeutlichen, dass die Erfahrungen mit Klassenwiederholungen stark von individuellen Faktoren abhängen und sowohl positive als auch negative Konsequenzen mit sich bringen können. Letztlich zeigt sich, dass pauschale Lösungen nicht zielführend sind. Stattdessen sollten gezielte Fördermaßnahmen und eine differenzierte Betrachtung der individuellen Bedürfnisse der Schülerinnen und Schüler im Mittelpunkt stehen, um nachhaltige Lernerfolge zu ermöglichen.

Die Versetzungspraxis in Deutschland 5

> **Zusammenfassung**
>
> Die Versetzungspraxis in Deutschland ist durch das föderale Bildungssystem geprägt, weshalb Regelungen und Häufigkeiten von Klassenwiederholungen zwischen den Bundesländern variieren. Generell wird die Versetzung durch die schulischen Leistungen (Noten) bestimmt, insbesondere in den Hauptfächern. Kriterien wie regelmäßige Anwesenheit sowie familiäre und gesundheitliche Aspekte fließen ebenfalls in die Entscheidung ein. Zur Vermeidung von Klassenwiederholungen gibt es alternative Maßnahmen wie individuelle Förderprogramme, flexible Versetzungsregelungen und Nachprüfungen. Klassenkonferenzen, bestehend aus den Lehrkräften einer Klasse, entscheiden über die Versetzung, wobei auch freiwillige Wiederholungen möglich sind.

5.1 Das Regelwerk

5.1.1 Allgemeines

Bildung ist in Deutschland Sache der Länder. Entsprechend verfügt Deutschland über ein dezentrales Bildungssystem mit Teilautonomie in den 16 Bundesländern. Die Schulsysteme der Länder unterscheiden sich in einigen Aspekten. So besitzen die Lehrpläne verschiedene inhaltliche Schwerpunkte, die angebotenen Fächer und die Schultypen sind unterschiedlich. Die Inhalte der gymnasialen Abschlussprüfungen sind in jedem Bundesland anders gestaltet. Auch die Regeln für den Übergang von der Grundschule in die weiterführende Schule sind zwischen den Bundesländern unterschiedlich. Die Schulpflicht beginnt im Alter von 6 Jahren und dauert 9 oder 10 Jahre, je nach Bundesland. Danach sind weitere 3 Jahre Bildung in Schule oder Berufsausbildung verpflichtend,

© Der/die Autor(en), exklusiv lizenziert an Springer-Verlag GmbH, DE, ein Teil von Springer Nature 2025
F. Klapproth, *Klassenwiederholungen verstehen und vermeiden*,
https://doi.org/10.1007/978-3-662-71773-8_5

wobei die Details je nach Bundesland variieren. Die Grundschulbildung umfasst meistens die Klassen 1 bis 4, in Berlin und Brandenburg die Klassen 1 bis 6. Darauf folgt die Sekundarschulbildung in den meisten Ländern von Klasse 5 bis Klasse 9, in Berlin und Brandenburg von Klasse 7 bis Klasse 9.

5.1.2 Länderübergreifende Regularien zur Klassenwiederholung

Die Regularien und Verordnungen, die zu einer Klassenwiederholung führen können, sind ständigen Veränderungen unterworfen. Die hier angegebenen Informationen entsprechen dem Stand der Recherche für den Winter 2024/2025. Aktuelle und möglicherweise abweichende Regelungen finden sich in den jeweiligen Schulgesetzen und Versetzungsordnungen der Bundesländer.

5.1.2.1 Die Grundschule

Zwar gehört die Klassenwiederholung in allen Bundesländern zum Maßnahmenkatalog von Lehrkräften; die Kriterien und Vorschriften für eine Klassenwiederholung, Präventionsmaßnahmen sowie ergänzende und alternative Maßnahmen variieren allerdings zwischen den einzelnen Ländern. Das betrifft bereits die ersten Grundschuljahre. Während Kinder in den meisten Ländern automatisch von der 1. in die 2. Klasse übergehen, gibt es in einigen Bundesländern (Brandenburg, Berlin, Schleswig–Holstein, Thüringen, Hessen, Nordrhein-Westfalen und Bayern) eine sog. flexible Schuleingangsphase, die innerhalb von einem bis drei Jahren absolviert werden kann und in der ein mehrmaliges Durchlaufen einer Klassenstufe nicht als Sitzenbleiben gewertet wird.

Ab der 3. Klasse ist in den meisten Bundesländern prinzipiell eine Klassenwiederholung möglich. In einigen Bundesländern wird automatisch versetzt, sodass eine Klassenwiederholung nur in Ausnahmefällen oder auf freiwilliger Basis möglich ist. Das betrifft zum Beispiel Schülerinnen und Schüler in den Stadtstaaten Berlin, Bremen und Hamburg.

In den meisten Bundesländern ist eine Klassenwiederholung während der Grundschulzeit eines Schülers bzw. einer Schülerin in der Regel nur einmal erlaubt. In Hamburg und Nordrhein-Westfalen kann jedoch einmal pro Klassenstufe eine Klassenwiederholung erlaubt sein. In der Sekundarstufe können Schülerinnen und Schüler auch zweimal in derselben Klassenstufe nicht versetzt werden. Eine zweimalige Wiederholung wird dann jedoch meistens zugunsten eines Schulformwechsels vermieden.

5.1.2.2 Kriterien

Die Entscheidung über eine Klassenwiederholung wird üblicherweise anhand der Noten im Schulzeugnis am Ende des Schuljahres getroffen. Generell ist eine „ausreichende" Leistung (Note 4) oder besser in jedem relevanten Fach für die Versetzung erforderlich. Dabei ist die Leistung in den Hauptfächern besonders relevant (sie wird zum Teil doppelt gewichtet). Allerdings können schlechte Noten in einem Fach durch zufriedenstellende Noten in anderen Fächern ausgeglichen werden.

Darüber hinaus werden für eine Versetzungsentscheidung weitere Faktoren berücksichtigt. So wird von den Schülerinnen und Schülern regelmäßige Anwesenheit erwartet, und lange Abwesenheitszeiten können die Versetzung eines Schülers gefährden. Die Idee dahinter ist, dass eine regelmäßige Anwesenheit ein Indikator für das Engagement des Schülers oder der Schülerin für seine bzw. ihre Bildung gilt und darüber hinaus eine konstante Teilnahme am Lernprozess gewährleistet.

Auch familiäre oder gesundheitliche Probleme werden bei der Versetzungsentscheidung berücksichtigt. Hat ein Schüler oder eine Schülerin bedeutende Belastungen im Zusammenhang mit der familiären Situation oder der Gesundheit erlebt und haben diese Belastungen zu einer Behinderung des Lernfortschritt geführt, kann eine Klassenwiederholung angeordnet werden.

5.1.2.3 Alternative Maßnahmen

Um Klassenwiederholungen zu vermeiden, haben mehrere Bundesländer alternative Maßnahmen wie leistungsniveaugerechte Lerngruppen und individuelle Schulungsmaßnahmen eingeführt. Diese Maßnahmen zielen darauf ab, Schülerinnen und Schülern, die Gefahr laufen, das Klassenziel zu verfehlen, individuell abgestimmte Unterstützung zu bieten.

Darüber hinaus gewährleisten das Aussetzen von Versetzungsentscheidungen und spezielle Regeln für den Notenausgleich einen flexibleren und umfassenderen Ansatz bei der Schülerbewertung, der individuelle Umstände berücksichtigt und Schülerinnen und Schüler auf ihrem Bildungsweg unterstützt. Auch werden in vielen Bundesländern Nachprüfungen angeboten, die den Schülerinnen und Schülern die Möglichkeit geben, ihre Noten in bestimmten Fächern zu verbessern.

5.1.2.4 Wer entscheidet?

In den allen Bundesländern liegt die Verantwortung dafür, ob ein Schüler oder eine Schülerin versetzt wird oder nicht, bei der Klassenkonferenz, die aus allen Lehrkräften besteht, die die Schülerinnen und Schüler in dieser Klasse unterrichtet haben. Dieses kollektive Entscheidungsgremium bewertet die akademische Leistung und andere relevante Faktoren einer Schülerin oder eines Schülers, um einen Konsens über die Versetzung oder Nicht-Versetzung zu erreichen. In einigen Fällen, insbesondere in größeren Schulen, kann die Entscheidungsbefugnis bei der Lehrerkonferenz liegen, die aus allen Lehrkräften der Schule besteht. Um Transparenz zu gewährleisten und den Eltern rechtzeitig Informationen zu liefern, sind Schulen verpflichtet, diese zu informieren, sofern ein Risiko besteht, dass ihr Kind nicht versetzt wird. In der Regel geschieht dies durch einen Vermerk im Halbjahreszeugnis oder durch eine schriftliche Mitteilung vor dem Entscheidungsdatum. Auch die freiwillige Klassenwiederholung ist eine Option, die Schülerinnen und Schülern auf Antrag der Eltern in den meisten Bundesländern zur Verfügung steht. Diese wird typischerweise mit dem Ziel verfolgt, den Notendurchschnitt zu verbessern.

5.1.3 Die Länder im Einzelnen

Tab. 5.1 zeigt Besonderheiten der Versetzungspraxis in den einzelnen Bundesländern.

Tab. 5.1 Besondere Versetzungsregeln in den einzelnen Bundesländern

Bundesland	Besondere Merkmale
Baden-Württemberg	• In Baden-Württemberg kann eine Schülerin bzw. ein Schüler auch dann versetzt werden, wenn die Klassenkonferenz zwar bestimmt, dass ihre bzw. seine Leistung für eine Versetzung nicht ausreicht, aber erwartet wird, dass sie bzw. er die Anforderungen der nächsten Klasse nach einer Übergangszeit erfüllen wird • Wenn die Leistungsfähigkeit des Schülers oder der Schülerin durch schwerwiegende Gründe, die außerhalb seiner oder ihrer Kontrolle liegen, erheblich beeinträchtigt wurde, kann die Klassenkonferenz die Versetzungsentscheidung verschieben
Bayern	• In Bayern hat die Klassenlehrkraft in Absprache mit den anderen unterrichtenden Lehrkräften die Befugnis, Entscheidungen über die Versetzung zu treffen • Ein alternativer Ansatz ist die bedingte Versetzung („Vorrücken auf Probe"). Auf Antrag der Eltern kann Schülerinnen und Schülern, die nicht versetzt wurden, die Erlaubnis für eine probeweise Versetzung in bestimmten Schularten und Klassenstufen erteilt werden • Es besteht in bestimmten Fällen die Möglichkeit, dass einer Schülerin oder einem Schüler Notenausgleich gewährt wird oder dass sich eine Schülerin oder ein Schüler einer Nachprüfung unterzieht
Berlin	• Schülerinnen und Schüler werden automatisch versetzt, jedoch ist eine Klassenwiederholung in Ausnahmefällen möglich, wenn Lernentwicklung und schulische Leistung auf einen drohenden Misserfolg in der nächsten Klasse hindeuten • Um eine Versetzung zu ermöglichen, entwickelt die Schule individuelle Unterstützungsmaßnahmen und Lernpläne • Die Kommunikation mit den Eltern wird im Schülerprofil dokumentiert, um Transparenz und Kontinuität der Unterstützung zu gewährleisten • Klassenwiederholungen in der Sekundarstufe I sind nur in Ausnahmefällen erlaubt und erfordern bildungsbezogene und elterliche Vereinbarungen, die die Schule, den Schüler bzw. die Schülerin und die Eltern oder Erziehungsberechtigten einbeziehen • In bestimmten Situationen kann ein Schüler oder eine Schülerin freiwillig eine Klassenstufe wiederholen, insbesondere wenn er oder sie erheblichen Unterrichtsausfall erlebt hat oder zusätzliche Unterstützung benötigt

(Fortsetzung)

Tab. 5.1 (Fortsetzung)

Bundesland	Besondere Merkmale
Brandenburg	• Werden am Ende des Schuljahres erhebliche Lernlücken festgestellt, kann die Schule eine Klassenwiederholung empfehlen • Eine Entscheidung über die Klassenwiederholung treffen die Eltern bzw. Erziehungsberechtigten • Eine freiwillige Klassenwiederholung ist auf Antrag der Eltern in den meisten Fällen möglich • Ebenso haben Schülerinnen und Schüler in Brandenburg die Möglichkeit, in den Klassen 7 bis 9 eine Nachprüfung in einem Fach oder Lernbereich auf Ermessen der Schulleitung zu absolvieren
Bremen	• In Bremen wird die Praxis der automatischen Versetzung verfolgt, mit der Möglichkeit der freiwilligen Klassenwiederholung in den Klassen 5 bis 9 • Dennoch kann auch in Bremen die Versetzung ausbleiben und eine Klassenwiederholung angeordnet werden, wenn die Lernfortschritte nicht den Anforderungen entsprechen und wenn zu erwarten ist, dass die Versetzung die weitere Entwicklung der Schülerin oder des Schülers beeinträchtigt • Die Versetzungsentscheidung trifft die Versetzungskonferenz
Hamburg	• In Hamburg steigen die Schülerinnen und Schüler am Ende des Schuljahres automatisch von der 1. bis zur 10. Klasse auf • Auf Antrag und mit Zustimmung der zuständigen Behörde kann jedoch eine Klassenwiederholung aus besonderen Gründen gestattet werden, wenn angenommen wird, dass dies die schulische und soziale Entwicklung des Schülers bzw. der Schülerin besser fördert • Hamburg konzentriert sich darauf, Lern- und Unterstützungsvereinbarungen zu erstellen, wenn Schülerinnen und Schüler die Leistungsanforderungen in einem oder mehreren Fächern nicht erfüllen. Diese Vereinbarungen beziehen die Schule, den Schüler bzw. die Schülerin und die gesetzlichen Vertreter ein und umfassen gegenseitige Verpflichtungen zu individuellen Unterstützungsmaßnahmen zusätzlich zum regulären Unterricht • Schülerinnen und Schüler in den Klassen 7 bis 10 haben die Möglichkeit, eine Klasse auf Antrag ihrer gesetzlichen Vertreter zu wiederholen

(Fortsetzung)

Tab. 5.1 (Fortsetzung)

Bundesland	Besondere Merkmale
Hessen	• In Hessen kann bereits die zweite Klasse wiederholt werden • Schülerinnen und Schüler, die in allen Fächern mindestens die Note 4 erreichen, werden in die nächsthöhere Jahrgangsstufe versetzt • Sogenannte Ostercamps sollen versetzungsgefährdeten Schülerinnen und Schülern die Versetzung ermöglichen. In diesen Camps erhalten Jugendliche in den Osterferien Förderangebote, um Leistungsdefizite und Lernschwächen ab- und die Motivation aufzubauen
Mecklenburg-Vorpommern	• In Mecklenburg-Vorpommern können Schülerinnen und Schüler trotz unzureichender Leistung in einzelnen Fächern versetzt werden, wenn erwartet wird, dass sie im nächsten Schuljahr erfolgreiche Beiträge leisten werden • Auf Antrag der Eltern oder erwachsenen Schülerinnen und Schülern und mit Zustimmung des Klassenrates kann eine freiwillige Klassenwiederholung erfolgen • Im Notensystem von Mecklenburg-Vorpommern gelten spezielle Regeln für den Ausgleich unzureichender oder unbefriedigender Noten. Beispielsweise kann eine „mangelhafte" Note nur durch eine „sehr gute" Note in einem anderen Fach oder durch eine „gute" Note in zwei anderen Fächern ausgeglichen werden
Niedersachsen	• In Niedersachsen können in der Grundschule die 2. und 3. Klasse, in der Sekundarstufe die 5. bis 10. Klasse grundsätzlich wiederholt werden • Eine Versetzung findet statt, wenn die Leistungen in allen Pflicht- und Wahlfächern mindestens mit „ausreichend" bewertet werden • Mangelhafte Leistungen können durch ausreichende (bei einem Fach) oder befriedigende (bei zwei Fächern) Leistungen ausgeglichen werden • Hauptfächer können nur durch Hauptfächer ausgeglichen werden
Nordrhein-Westfalen	• In Nordrhein-Westfalen zielt das Grundschulsystem darauf ab, die Versetzung zum Standardergebnis zu machen • Schülerinnen und Schüler, die gefährdet sind, nicht versetzt zu werden, erhalten am Ende des Schulhalbjahres eine individuelle Lern- und Unterstützungsempfehlung. Diese Empfehlungen befassen sich mit identifizierten Lern- und Leistungsdefiziten und beinhalten diverse Unterstützungsmaßnahmen • Die Versetzungsentscheidung wird von der Klassenkonferenz getroffen. Die Konferenz hört die Eltern an oder berücksichtigt ihre Anträge, bevor eine Entscheidung über die Versetzung getroffen wird

(Fortsetzung)

5.1 Das Regelwerk

Tab. 5.1 (Fortsetzung)

Bundesland	Besondere Merkmale
Rheinland-Pfalz	• In Rheinland-Pfalz kann in der Grundschule ab der 3. Klasse eine Klassenwiederholung erfolgen • In der Sekundarstufe erfolgt eine Versetzung, wenn in allen Fächern mindestens ausreichende Leistungen vorliegen • In der integrierten Gesamtschule finden Versetzungen erst ab Klasse 9 statt • Schülerinnen und Schüler, die zweimal in derselben Klassenstufe oder auf dem Gymnasium in zwei aufeinander folgenden Klassenstufen nicht versetzt wurden, müssen die Schulform wechseln • Eine erfolgreiche Nachprüfung in einem Fach mit nicht ausreichender Leistung kann die Klassenwiederholung verhindern
Saarland	• Im Saarland können Schülerinnen und Schüler ab der 3. Klasse eine Klasse wiederholen. Grundlage für die Versetzungsentscheidung sind die Zeugnisnoten in den Fächern Deutsch, Mathematik und Sachunterricht • Auf dem Gymnasium kann ab der 6. Klasse wiederholt werden
Sachsen	• In Sachsen ist die freiwillige Klassenwiederholung im letzten Jahr der unteren Sekundarstufe nicht gestattet
Sachsen-Anhalt	• In Sachsen-Anhalt ist in der Grundschule eine Schuleingangsphase (1. und 2. Klasse) festgelegt. In dieser können Kinder bis zu drei Jahren unterrichtet werden; ein dreijähriger Verbleib wird nicht als Klassenwiederholung gewertet • Eine Versetzung in die dritte Klasse findet auch dann statt, wenn die Leistungsvoraussetzungen nicht erfüllt sind • In der Sekundarstufe ist ein zweimaliges Wiederholen derselben Klasse oder ein Wiederholen aufeinanderfolgender Klassen nicht möglich und hat in der Regel einen Schulformwechsel zur Folge
Schleswig–Holstein	• In Schleswig–Holstein ist die Wiederholung einer Klasse in den Klassen 3 und 4 in begründeten Ausnahmefällen möglich, abhängig vom Antrag der Eltern und der Entscheidung der Klassenkonferenz
Thüringen	• In Thüringen werden Schülerinnen und Schüler ab der 4. Klasse versetzt, wenn sie in den Fächern Deutsch und Mathematik mindestens die Note „ausreichend" oder höchstens in einem der beiden Fächer die Note „mangelhaft" haben • Versetzungen bzw. Klassenwiederholungen erfolgen darüber hinaus auch in den Klassenstufen 6, 8 und 10

5.2 Häufigkeiten von Klassenwiederholungen

5.2.1 Die Datenquellen

Für die Ermittlung der Häufigkeit von Klassenwiederholungen werden häufig unterschiedliche Datenquellen herangezogen. Eine dieser Datenquellen ist der „Statistische Bericht – Allgemeinbildende Schulen", der jährlich vom Statistischen Bundesamt herausgegeben wird. Die Ergebnisse des Berichts stammen aus den Schulstatistiken der einzelnen Bundesländer, die auf Grundlage des von der Kultusministerkonferenz (KMK) erstellten Schulartenkatalogs zu Bundesergebnissen zusammengefasst sind. Bei den Schulstatistiken handelt es sich um Vollerhebungen mit Auskunftspflicht für die öffentlichen Schulen und für die privaten Ersatzschulen. Die Schulen liefern die Daten an die Statistischen Ämter der Länder bzw. an die obersten Landesbehörden, wo die Daten gesammelt, überprüft und aufbereitet werden. Die Statistischen Ämter der Länder melden die erhobenen Daten zu den allgemeinbildenden Schulen zum 31.05. an das Statistische Bundesamt. Die Daten werden länderweise aufbereitet und anschließend zum Bundesergebnis zusammengefasst.

Eine weitere Quelle, die auch internationale Vergleiche ermöglicht, ist die Organisation für wirtschaftliche Zusammenarbeit und Entwicklung (OECD), die regelmäßig Bildungsdaten aus unterschiedlichen Staaten veröffentlicht. Umfangreiche Angaben zur Häufigkeit von Klassenwiederholungen finden sich im Bericht der OECD „Education at a glance", dessen (zum Stand der Drucklegung) aktuellste Ausgabe 2024 erschienen ist (OECD, 2024a). Grundlage dieser Daten bilden Erhebungen, die im Rahmen der „UNESCO OECD Eurostat (UOE) Datensammlung" in regelmäßigen Abständen stattfinden. Dabei handelt es sich nicht um Vollerhebungen, bei denen Informationen über alle Schülerinnen und Schüler gewonnen werden, sondern um Stichproben mit einer ungefähren Abdeckung von 50–70 % der Schülerinnen und Schüler (OECD, 2024b).

Die OECD verantwortet auch die alle drei Jahre stattfindende Pisa-Studie, mit welcher die Leistungen von 15-jährigen Schülerinnen und Schülern in Mathematik, Sprachverständnis und Naturwissenschaften erhoben und zwischen unterschiedlichen Ländern weltweit verglichen werden. In dieser Studie werden die teilnehmenden Schüler*innen auch danach gefragt, ob sie bereits einmal eine Klasse wiederholt haben. Im Unterschied zu den beiden anderen Datenquellen liefert diese Studie einen Hinweis auf die kumulative Häufigkeit von Klassenwiederholungen, also darauf, wie viele Schülerinnen und Schüler im Laufe der gesamten Pflichtschulzeit eine Klasse wiederholt haben.

5.2.2 Deutschland und die einzelnen Bundesländer

Nach dem Statistischen Bundesamt (2024) hatten bundesweit im Schuljahr 2023/2024 2,2 % der Schülerinnen und Schüler an allgemeinbildenden Schulen eine Klasse wiederholt. Das entspricht genau 147.074 Schülerinnen und Schülern. Dabei fanden in Bezug auf die Schulform die relativ häufigsten Wiederholungen an Hauptschulen (4,4 %), die relativ seltensten Wiederholungen an Grundschulen statt (1,0 %).[1] In Bezug auf die Klassenstufe wurde am häufigsten die Klasse 9, am seltensten dagegen die Klasse 4 wiederholt. Für die Klassen 1 und 2 wurden gar keine Wiederholungen dokumentiert.

Die OECD (2024a) beziffert die Häufigkeit von Klassenwiederholungen in Deutschland in der Primarstufe für das Schuljahr 2021/2022 mit 0,6 % und in der Sekundarstufe I mit 2,6 %. Die Sekundarstufe I kann in Deutschland allerdings zwei unterschiedliche Zeitintervalle umfassen, nämlich 4 Jahre (z. B. in Niedersachsen) oder 6 Jahre (in Berlin und Brandenburg). Für die Sekundarstufe II in Deutschland liegen der OECD keine Zahlen vor.

Den Angaben der jüngsten PISA-Studie (OECD, 2023) zufolge haben in Deutschland im Schuljahr 2021/2022 19,2 % der Schülerinnen und Schüler mindestens eine Klasse wiederholt. Das heißt, dass im Laufe ihrer Schullaufbahn durchschnittlich etwa jede fünfte Schülerin bzw. jeder fünfte Schüler mindestens einmal eine Klasse wiederholt hat (tatsächlich sind Jungen stärker als Mädchen von der Klassenwiederholung betroffen, aber dazu mehr in Kap. 6).

Klassenwiederholungen finden in den deutschen Bundesländern unterschiedlich häufig statt. Das hat zum einen zu tun mit den zum Teil unterschiedlichen Regularien. So sind beispielsweise in Berlin Klassenwiederholungen per Gesetz nur in Ausnahmefällen möglich. Entsprechend selten finden sie tatsächlich statt. Studien haben jedoch gezeigt, dass neben den gesetzlich festgelegten Regularien auch andere Faktoren mitbestimmen, ob Schülerinnen und Schüler eine Jahrgangsstufe wiederholen müssen (vgl. Kap. 6).

Tab. 5.2 zeigt die Häufigkeiten in absteigender Reihenfolge in den einzelnen Ländern für das Schuljahr 2023/2024 (Statistisches Bundesamt, 2024).

5.2.3 Europäischer Vergleich

Im europäischen Vergleich gehört Deutschland zu denjenigen Ländern, in denen häufig zum Mittel der Klassenwiederholung gegriffen wird. Dennoch gibt es Länder, in denen noch häufiger wiederholt wird. Tab. 5.3 zeigt eine Übersicht der kumulierten Wiederholungsraten einiger europäischer Länder, die sich aus der PISA-Studie von 2022 (OECD, 2023) ergeben haben.

Anmerkung: Angabe der Häufigkeiten in absteigender Reihenfolge. [1]In der PISA-Studie in Norwegen wurde die Frage nach der Klassenwiederholung nicht gestellt, da dort Klassenwiederholungen nicht vorgesehen sind.

Bemerkenswert ist die Veränderung der Wiederholerquote innerhalb einer Dekade (von 2012 [OECD, 2013] bis 2022 [OECD, 2023]; nicht in der Tabelle enthalten). In einigen

---

[1] Noch weniger Wiederholungen (0,7 %) fanden in der Orientierungsstufe statt. Diese schulartunabhängige Schulform beinhaltet die Klassen 5 und 6 und wird nur in wenigen Bundesländern realisiert.

Tab. 5.2 Häufigkeiten von Klassenwiederholungen (in Prozent) für die einzelnen Bundesländer für das Schuljahr 2023/2024

Bundesland	Häufigkeit (in Prozent)
Mecklenburg-Vorpommern	3,7
Bayern	3,5
Sachsen-Anhalt	3,0
Rheinland-Pfalz	2,7
Thüringen	2,5
Brandenburg	2,2
Nordrhein-Westfalen	2,1
Niedersachsen	2,1
Hessen	2,0
Saarland	2,0
Baden-Württemberg	1,7
Sachsen	1,6
Bremen	1,6
Hamburg	1,3
Schleswig–Holstein	1,2
Berlin	0,9

europäischen Ländern ist ein starker Rückgang der Häufigkeit von Klassenwiederholungen festzustellen. Zu diesen Ländern gehören Belgien (2012: 36 %; 2022: 27 %), Spanien (2012: 33 %; 2022: 22 %), Portugal (2012: 34 %; 2022: 17 %) und Frankreich (2012: 28 %; 2022: 11 %). In anderen Ländern hat sich dagegen wenig verändert. Dazu gehören Deutschland (2012: 20 %; 2022: 19 %), die Tschechische Republik (2012: 5 %, 2022: 4 %) und die meisten Länder, in denen ohnehin niedrige Wiederholerquoten vorherrschen. In einigen Ländern gab es sogar einen Anstieg der Häufigkeiten, wie zum Beispiel in Österreich (2012: 12 %; 2022: 16 %).

▶ Mögliche Gründe für den Rückgang der Wiederholerquoten könnten neue Vorschriften und Regularien in den betroffenen Ländern sein (Meißner et al., 2025). Sowohl in Frankreich als auch in Spanien wurde 2013 ein Gesetz verabschiedet, das die Klassenwiederholung zu einer Ausnahmemaßnahme macht. Tatsächlich sank die kumulative Wiederholungshäufigkeit in Frankreich um mehr als die Hälfte und in Spanien um ein Drittel. Dieser Trend könnte ein Hinweis auf die Wirksamkeit solcher gesetzlichen Beschränkungen sein.

Tab. 5.3 Kumulierte Häufigkeiten von Klassenwiederholungen in einigen europäischen Ländern für das Jahr 2022

Land	Häufigkeit (in Prozent)
Belgien	26,5
Niederlande	23,3
Spanien	21,7
Deutschland	19,2
Portugal	17,2
Österreich	15,6
Schweiz	13,4
Frankreich	10,8
Italien	8,6
Slowakische Republik	7,6
Ungarn	6,5
Tschechische Republik	4,2
Schweden	4,0
Griechenland	3,3
Polen	3,1
Finnland	2,7
Island	1,4
Norwegen	0,0[1]

5.3 Schlussfolgerung

Die Versetzungspraxis in Deutschland spiegelt die Vielfalt des föderalen Bildungssystems wider, das den Bundesländern einen erheblichen Gestaltungsspielraum lässt. Diese Heterogenität führt nicht nur zu unterschiedlichen Regelungen und Häufigkeiten von Klassenwiederholungen, sondern auch zu divergierenden Ansätzen, wie Schülerinnen und Schüler individuell gefördert werden können. Es zeigt sich, dass die Bedeutung von Klassenwiederholungen in den letzten Jahren zunehmend kritisch hinterfragt wird, insbesondere im europäischen Vergleich. Maßnahmen wie gezielte Förderprogramme, flexible Übergangsmodelle und individualisierte Lernpläne bieten Alternativen zur Wiederholung und legen den Fokus verstärkt auf die Entwicklung jedes einzelnen Schülers. Ob diese Ansätze in der Breite Erfolg zeigen und langfristig zu einer Angleichung der Bildungsqualität führen können, bleibt eine zentrale Herausforderung für das deutsche Schulsystem.

6 Faktoren, die Klassenwiederholungen begünstigen

Zusammenfassung

Klassenwiederholungen werden von zahlreichen Faktoren beeinflusst, die auf Schüler-, Lehrer- und Schulebene wirken. Schülermerkmale wie Leistungsdefizite, besonders in Kernfächern, und problematisches Arbeits- und Sozialverhalten erhöhen das Wiederholungsrisiko. Auch soziodemografische Faktoren wie Geschlecht, Migrationshintergrund, sozioökonomischer Status sowie gesundheitliche Einschränkungen spielen eine Rolle. Entscheidungsprozesse von Lehrkräften sind häufig subjektiv und von Überzeugungen, Stereotypen sowie Kategorien wie Geschlecht und Herkunft geprägt, besonders in kollektiven Entscheidungsprozessen. Auf institutioneller Ebene begünstigen schwache Unterrichtsqualität, mangelnde individuelle Förderung und ein negatives Schulklima Klassenwiederholungen. Um das Risiko zu senken, sind strukturelle Verbesserungen in Schulen, gezielte Fördermaßnahmen und Sensibilisierung der Lehrkräfte erforderlich.

Klassenwiederholungen werden durch eine Vielzahl von Faktoren beeinflusst, die auf unterschiedlichen Ebenen wirken. Im Folgenden werden die wichtigsten Faktoren, die Klassenwiederholungen begünstigen, dargestellt und erläutert. Sie sind unterteilt in Schülermerkmale, Merkmale von Lehrkräften sowie Merkmale von Schule und Unterricht. Die berichteten Befunde stammen aus empirischen Studien aus unterschiedlichen Ländern.

6.1 Schülermerkmale

Maßgebend für die Versetzungsentscheidung sind Merkmale der Schülerinnen und Schüler. Ihr Verhalten und ihre Leistung bestimmen in großem Maße mit darüber, ob Lehrkräfte für oder gegen eine Versetzung in die nächsthöhere Klasse stimmen. Über leistungs- und verhaltensbezogene Merkmale hinaus tragen aber auch soziodemografische Merkmale zum Risiko für eine Klassenwiederholung bei. Einschlägige Studien haben insbesondere die folgenden Merkmale als relevant herausgefunden.

6.1.1 Leistungsdefizite

Leistung ist der zentrale Prädiktor für Klassenwiederholungen (Jimerson et al., 1997; Liddell & Rae, 2001). Eine Vielzahl von Studien (z. B. Choi, 2018; Ferrara et al., 2014) belegt, dass Leistungsdefizite – besonders in Kernfächern wie Mathematik und Sprachfächern – das Wiederholungsrisiko signifikant erhöhen. Leistungen beziehen sich sowohl auf Lernprozesse als auch auf Lernprodukte. Leistungsdefizite äußern sich in Abweichungen von festgelegten Leistungskriterien, die unterschiedlichen Normen (individual, sozial, sachlich) zugeordnet werden können. In der Praxis sind dies beispielsweise geringe Werte in Leistungstests, eine geringe Beteiligung im Unterricht oder häufige Fehler beim Rechnen, Schreiben oder Lesen. Gerade dem Lesen kommt eine besondere Bedeutung für die Versetzungsentscheidung zu (Agasisti & Cordero, 2017). Auch ein Mangel an vorschulischer Bildung erhöht nachweislich das Risiko von Klassenwiederholungen (Davoudzadeh et al., 2015; Gadeyne et al., 2008).

An deutschen Schulen sind Schulnoten als Indikatoren schulischer Leistung die Hauptinformationsquelle für Lehrkräfte, wenn Versetzungsentscheidungen getroffen werden. Schulnoten repräsentieren schulische Leistung jedoch nur eingeschränkt, da sie auch durch Faktoren beeinflusst werden, die nur mittelbar mit der Leistung der Schülerin oder des Schülers zu tun haben. So fließen zum einen in Schulnoten auch nicht-kognitive Aspekte wie Motivation und Anstrengungsbereitschaft ein (Trautwein et al., 2008). Zum anderen gibt es zwischen unterschiedlichen Schulen, ja selbst innerhalb derselben Schule zwischen unterschiedlichen Klassen verschiedene Leistungsstandards, sodass Noten kaum miteinander vergleichbar sind (Baumert et al., 2003) und Schülerinnen und Schüler mit gleichen Leistungen in unterschiedlichen Klassen oft unterschiedliche Schulnoten erhalten (Trautwein et al., 2006). Daraus folgt, dass die Schulnoten, die zu einer Klassenwiederholung führen können, zu einem gewissen Grad auch von Urteilsprozessen und Leistungsmaßstäben der Lehrkraft abhängig sind.

6.1.2 Arbeits- und Sozialverhalten

Auch das Arbeits- und Sozialverhalten der Schüler gilt als Prädiktor für Klassenwiederholungen. Allerdings ist es oft nicht konsistent definiert. Meistens wird unter Arbeitsverhalten die Beteiligung am Unterricht, Selbständigkeit, Initiative, Teamfähigkeit und Verantwortungsbereitschaft verstanden. Indikatoren für das Sozialverhalten sind Hilfsbereitschaft, Umgang mit Konflikten, Rücksichtnahme und Toleranz (Arnold & Vollstädt, 2001). Störungen des Sozialverhaltens können das Risiko einer Klassenwiederholung erhöhen. Das betrifft auch Schülerinnen und Schüler, die eine klinische Diagnose wie ADHS zugeschrieben bekommen haben (Loe & Feldman, 2007; van Canegem, 2024) oder anderweitig durch aggressives oder dissoziales Verhalten auffallen (Rodney et al., 1999). Darüber hinaus zeigen verhaltensauffällige Schüler tendenziell schlechtere schulische Leistungen und haben auch deshalb eine höhere Wiederholungswahrscheinlichkeit (Cosnefroy et al., 2010). Das höhere Wiederholungsrisiko bei Schülerinnen und Schülern mit problematischem Sozialverhalten kann daher rühren, dass Lehrkräfte häufig davon ausgehen, eine Wiederholung könne zur Verbesserung des Sozialverhaltens beitragen (Salza, 2022).

6.1.3 Motivation und Zielorientierung

Wenn Motivation und Zielorientierungen von Schülerinnen und Schülern ihre Leistungen und schulischen Erfolge beeinflussen, scheint es wahrscheinlich, dass diese Merkmale auch gute Prädiktoren für das Sitzenbleiben sind. Allerdings ist die Forschung in diesem Feld sehr begrenzt. Eine Ausnahme bildet eine Studie von Peixoto et al. (2016), in der gezeigt werden konnte, dass eine geringe Zielorientierung und ein hohes Ausmaß an Vermeidungsmotivation von Schülerinnen und Schülern das Risiko für eine Klassenwiederholung erhöhen. Auch Rodriguez-Rodriguez (2022) konnte zeigen, dass demotivierte Schüler oft schlechtere Leistungen zeigen, was wiederum das Wiederholungsrisiko erhöht. Eine hohe Bildungsaspiration und klar definierte Ziele von Schülerinnen und Schülern hingegen wirken eher risikomindernd (Meißner et al., 2025). Ferrara et al. (2014) weisen zudem darauf hin, dass insbesondere Schülerinnen und Schüler mit Migrationshintergrund und niedrigem sozioökonomischem Status oft keine ausreichende elterliche Unterstützung und Motivation erfahren, was sich negativ auf ihre Schullaufbahn auswirkt und das Wiederholungsrisiko erhöht. Insgesamt erscheinen Motivation und Zielorientierungen daher eher indirekte Prädiktoren für Klassenwiederholungen zu sein.

6.1.4 Geschlecht

Das Geschlecht beeinflusst das Wiederholungsrisiko ebenfalls signifikant. Weltweit wiederholen Jungen signifikant häufiger als Mädchen. Sie machen etwa 57 % der Wiederholer aus (OECD, 2024a). Dauber et al. (1993) konnten zeigen, dass selbst wenn Schulnoten und Testergebnisse kontrolliert wurden, das Geschlecht ein signifikanter Prädiktor für das Sitzenbleiben blieb, wobei sitzengebliebene Schüler häufiger männlich als weiblich waren.

Auch in jüngeren Untersuchungen konnte der Effekt des Schülergeschlechts auf das Risiko einer Klassenwiederholung festgestellt werden. Jungen werden laut Studien wie die von Klapproth und Schaltz (2015) und Choi et al. (2018) seltener versetzt als Mädchen, was teils auf die weniger entwickelte Selbstregulation und Motivation der Jungen gegenüber den Mädchen zurückzuführen ist. Studien zeigen darüber hinaus, dass Jungen oft weniger leistungsorientiert sind. Eine geringe Leistungsorientierung kann das Risiko einer Klassenwiederholung ebenfalls signifikant erhöhen (Peixoto et al., 2016).

Ferner kann der Geschlechterunterschied auch auf die Anpassung an geschlechtsspezifische Rollen, geschlechtsspezifische Vorurteile unter Lehrkräften und das sogenannte Mindset (also den Glauben an die Veränderbarkeit bzw. Unveränderbarkeit von Fähigkeiten und Intelligenz) zurückgeführt werden (OECD, 2021). Jungen haben seltener ein *„Growth-Mindset"* (Dweck, 1999) als Mädchen, sie glauben also eher nicht an die Veränderbarkeit ihrer eigenen Intelligenz. Das hindert sie daran, sich in Fächern, die ihnen schwerfallen, stärker herauszufordern und sich anzustrengen. Jungen, die stark an traditionellen Geschlechternormen festhalten, neigen außerdem dazu zu glauben, dass sie in Fächern, die eher von Mädchen bevorzugt werden (wie Englisch), weniger erfolgreich sein und sich weniger verbessern würden als in Fächern, die eher von Jungen bevorzugt werden (wie Mathematik) (Yu et al., 2021).

6.1.5 Migrationsstatus und kultureller Hintergrund

Schülerinnen und Schüler mit Migrationshintergrund haben im Vergleich zu einheimischen Schülerinnen und Schülern ein signifikant höheres Wiederholungsrisiko. Sprachliche Barrieren, kulturelle Unterschiede und in einigen Fällen auch Stereotype und Vorurteile seitens der Lehrkräfte tragen dazu bei. Goos et al. (2013) sowie Krohne et al. (2004) betonen, dass insbesondere Kinder mit begrenzten Sprachkenntnissen eine schlechtere schulische Leistung zeigen und somit häufiger eine Klasse wiederholen müssen. In einer französischen Studie (Chau et al., 2012) konnte gezeigt werden, dass Schülerinnen und Schüler mit Migrationshintergrund ein 76 % höheres Risiko hatten, eine Klasse zu wiederholen, als ihre französischen Mitschüler. In einer Studie mit über 9000 Schülerinnen und Schülern aus Luxemburg konnten Klapproth und Schaltz (2016) zeigen, dass das Risiko für eine Klassenwiederholung für Schülerinnen und Schüler mit Migrationshintergrund selbst bei Kontrolle von Schulnoten und Schülergeschlecht um etwa 40 %

höher war als für Schülerinnen und Schüler ohne Migrationshintergrund. Befunde wie diese weisen darauf hin, dass Versetzungsentscheidungen zu einem gewissen Grad sozial selektiv sind.

6.1.6 Sozioökonomischer Status

Auch der sozioökonomische Hintergrund eines Schülers hat einen Einfluss auf seine Schulleistungen und damit auch auf die Wahrscheinlichkeit einer Wiederholung. Ferrara et al. (2014) sowie Agasisti & Cordero (2017) stellten fest, dass Schülerinnen und Schüler aus einkommensschwachen Familien seltener Zugang zu Bildungshilfen und elterlicher Unterstützung haben, was sich negativ auf ihre schulischen Leistungen auswirkt. Diese Schüler erhalten oft weniger Unterstützung durch Nachhilfe und andere Bildungsressourcen, was das Wiederholungsrisiko erhöht. Choi et al. (2018) konnten auf Grundlage von Daten von über 25.000 Schülerinnen und Schülern zeigen, dass der sozioökonomische Status der Familie selbst bei Kontrolle von Leistungs- und weiteren Variablen einen der stärksten Prädiktoren für Klassenwiederholungen darstellte.

6.1.7 Gesundheitliche Faktoren und Alter

Gesundheitsprobleme und chronische Erkrankungen sind weitere Faktoren, die die Wahrscheinlichkeit einer Wiederholung erhöhen. Schülerinnen und Schüler, die aufgrund chronischer Erkrankungen häufig fehlen, geraten oft in Lernrückstand, was sie anfälliger für Wiederholungen macht (Moonie et al., 2010). Unterschiedliche Studien haben darüber hinaus festgestellt, dass das Alter der Schüler eine Rolle für Versetzungsentscheidungen spielt (Gonzales-Betancor & Lopez-Puig, 2016; Pires et al., 2021): Jüngere Schülerinnen und Schüler werden häufiger als ihren älteren Mitschüler von Lehrkräften für die Wiederholung empfohlen. Dieser Effekt ist nicht unbedeutend. In der Studie von Pires et al. (2021) erhöhte sich die Wahrscheinlichkeit für eine Klassenwiederholung für jedes spätere Quartal innerhalb eines Jahres, in dem eine Schülerin oder ein Schüler geboren wurde, um knapp 14 %. Eine Erklärung für diesen Effekt mag an der von der Lehrkraft wahrgenommenen Reife des Schülers bzw. der Schülerin liegen. Jüngere Kinder wirken weniger reif und mithin weniger leistungsstark.

6.2 Psychologische Gründe für die Effekte von Schülermerkmalen auf die Versetzungsentscheidung

Ob ein Schüler oder eine Schülerin ein zusätzliches Jahr wiederholen muss, hängt hauptsächlich davon ab, wie Lehrkräfte diesen Schüler bzw. diese Schülerin beurteilen und welche Schülermerkmale sie dabei berücksichtigen. Aus der Forschung zur sozialen Urteilsbildung ist bekannt, dass Personen zu einer von zwei unterschiedlichen Strategien tendieren (sogenannte Duale-Prozess-Modelle), um Urteile über andere Menschen zu fällen (Brewer, 1988; Fiske et al., 1999; Fiske & Neuberg, 1990): die kategorienbezogene Strategie (auch als stereotypbasierte Informationsverarbeitungsstrategie bekannt) oder die Informationsintegrationsstrategie.

Die Verarbeitung personenbezogener Information unter der kategorienbezogenen Strategie erfolgt weitgehend automatisch. Diese Strategie benötigt wenig kognitiven Aufwand, spart daher geistige Kapazität und stützt sich auf soziale Kategorien anstatt auf alle verfügbaren Informationen (Brewer, 1988; Fiske et al., 1999; Fiske & Neuberg, 1990). Häufig verwendete Kategorien sind das Geschlecht (Hoffman & Hurst, 1990), das Alter (Brewer & Lui, 1989) und die ethnische Zugehörigkeit (Fiske & Neuberg, 1990) der zu beurteilenden Personen. Die Anwendung sozialer Kategorien bei der Verarbeitung von Personeninformationen ermöglicht Personen ein schnelles, aber oft voreingenommenes Urteil.

Die andere Strategie ist die Informationsintegrationsstrategie (Brewer, 1988; Fiske et al., 1999; Fiske & Neuberg, 1990), bei der sich Entscheidungen treffende Personen nicht auf wenige kategorienbezogene Informationen verlassen, sondern alle für das Urteil relevanten Informationen prüfen. Die Integration aller relevanten Informationen in ein Urteil führt in der Regel zu genaueren Einschätzungen.

Ein Faktor, der mit bestimmt, welche Strategie verwendet wird, ist die Verantwortlichkeit der Entscheidungsträger. Personen, die sich für ihre Urteile stark verantwortlich fühlen, berücksichtigen meist mehr Informationen zu einem bestimmten Fall als Personen, die sich weniger verantwortlich fühlen. Weniger verantwortliche Personen nutzen dagegen stärker kategorienbezogenes Denken (Tetlock, 1983).

Duale-Prozess-Modelle können auch auf die Bildung von Personenurteilen in professionellen Bereichen angewendet werden (Fiske et al., 1983), insbesondere im Bildungsbereich (Dünnebier et al., 2009). Beispielsweise konnte gezeigt werden, dass Lehrkräfte, die sich durch Betonung der Bedeutung ihrer Entscheidungen sehr verantwortlich fühlten, weniger kategorienbezogene Urteile fällten als Lehrkräfte, die sich weniger verantwortlich fühlten, weil ihre Entscheidungen keine weiteren Konsequenzen nach sich zogen (Dünnebier et al., 2009).

Man sollte annehmen, dass Versetzungsentscheidungen mit einem hohen Maß an Verantwortung seitens der beteiligten Lehrkräfte getroffen werden und daher soziale Kategorien wie das Schülergeschlecht, ein vorhandener Migrationshintergrund, das Alter der Schüler oder ihr sozioökonomischer Hintergrund keine Rolle für diese, die schulische

Laufbahn prägende Entscheidung spielen sollten. Die empirischen Tatsachen widersprechen jedoch in weiten Teilen dieser Annahme. Wie ist es möglich, dass in einer Vielzahl unterschiedlicher Studien bedeutsame Effekte sozialer Merkmale von Schülerinnen und Schülern auf die Versetzungsentscheidung und damit auf die Anordnung einer Klassenwiederholung gefunden werden konnten? Zur Beantwortung dieser Frage liegen bislang nur sehr wenige Studien und Daten vor. Eine betrifft das „Setting", in dem Versetzungsentscheidungen entstehen. Da Entscheidungen über das Sitzenbleiben oft in Gruppen (z. B. in einer Klassen- oder Schulkonferenz) getroffen werden, ist es möglich, dass die individuelle Verantwortlichkeit einer Lehrkraft abnimmt (Glock et al., 2012). Folglich könnten aufgrund dieses Settings kategorienbezogene Entscheidungsprozesse an Einfluss gewinnen und Schülerinnen und Schüler dadurch eher im Hinblick auf soziale Kategorien beurteilt werden als auf Grundlage ihrer tatsächlichen Leistungen.

6.3 Merkmale von Lehrkräften

Trotz der Hinweise darauf, dass Klassenwiederholungen negative Auswirkungen auf die Leistung und das Wohlbefinden von Schülerinnen und Schülern haben, ist diese Praxis weiterhin verbreitet. Mögliche Gründe für die Persistenz von Klassenwiederholungen können in den Lehrkräften selbst zu finden sein. Die Versetzungsentscheidung ist nämlich nicht nur abhängig von den Merkmalen der Schülerinnen und Schüler, sondern auch von den Lehrkräften, welche die Versetzungsentscheidung treffen. Das betrifft vor allem Einstellungen und Überzeugungen von Lehrkräften.

Lehrkräfte integrieren bei jeder Versetzungsentscheidung in unterschiedlichem Ausmaß Informationen über Schülerinnen und Schüler, den Lehrplaninhalt, die Schule und den Klassenkontext (Shavelson & Stern, 1981). Diese Informationen werden durch ihre Überzeugungen gefiltert, bevor eine Entscheidung getroffen wird. Überzeugungen sind relativ stabile persönliche Auffassungen darüber, was als wahr über Personen und Sachverhalte betrachtet wird (Fives & Buehl, 2012). Diese Überzeugungen werden durch Kultur, Erfahrung und Ausbildung beeinflusst (Usó-Doménech & Nescolarde-Selva, 2016).

Ein Grund, warum Lehrkräfte Klassenwiederholungen anordnen, sind ihre Überzeugungen bezüglich der Wirksamkeit dieser Praxis (Europäische Kommission, 2011; Goos et al., 2013). Beispielsweise betrachten viele Grundschullehrkräfte Klassenwiederholungen als effektive Maßnahme, um das Scheitern von Schülerinnen und Schülern zu verhindern. Sie wird als notwendig angesehen, wenn ein Kind als unreif betrachtet wird (Bonvin, 2003; Crahay et al., 2013). Wiederholungen werden für das Lernen als förderlich angesehen, mögliche Nachteile werden geringer gewichtet als die erhofften Vorteile (Rodrigues et al., 2017).

Fives und Buehl (2012) betrachten Überzeugungen, welche die Entscheidungsfindung von Lehrkräften leiten, als Informationsfilter, indem sie beeinflussen, wie neue Informationen und Erfahrungen interpretiert werden. Zum Beispiel beobachteten Vanlommel et al. (2017), dass Überzeugungen über die Wirksamkeit von Klassenwiederholungen im Entscheidungsprozess relevanter waren als die gesammelten Informationen über die Schülerinnen und Schüler oder wissenschaftliche Erkenntnisse zur Wirksamkeit der Wiederholung. Einige Informationen wurden sogar zurückgewiesen, wenn sie nicht den Überzeugungen der Lehrkraft entsprachen (Vanlommel et al., 2017).

Tomchin und Impara (1992) gehören zu den ersten Forschenden, die systematisch die Einstellungen von Lehrkräften bezüglich des Sitzenbleibens erfassten. Sie fanden heraus, dass fast alle (98 %) der befragten Lehrkräfte der Aussage widersprachen, dass Kinder niemals sitzenbleiben sollten, und etwa 82 % gaben an, dass Sitzenbleiben als positiver Schritt gesehen werden kann, da es Schülerinnen und Schüler davor bewahren würde, im nächsthöheren Jahrgang zu scheitern.

Solche Überzeugungen von Lehrkräften könnten zumindest teilweise erklären, warum das Sitzenbleiben in vielen Ländern (auch in Deutschland) noch immer eine gängige Praxis ist. Tatsächlich fand beispielsweise Bonvin (2003) heraus, dass Lehrkräfte mit einer positiven Einstellung zum Sitzenbleiben eher dazu neigten, Schüler sitzenbleiben zu lassen als Lehrkräfte mit einer negativen Einstellung. Auch spätere Studien (Beyte, 2024; Bonvin et al., 2008) konnten zeigen, dass Lehrkräfte, die an die Wirksamkeit von Klassenwiederholungen glaubten, häufiger dazu neigten, diese Maßnahme zu empfehlen. Asberger et al. (2020) wiesen nach, dass Überzeugungen von Lehrkräften oft auf unbewussten Stereotypen beruhen.

Auch Lehramtsstudierende haben durchaus positive Einstellungen zur Klassenwiederholung. Dies zeigten unter anderem Young et al. (2019) in einer US-amerikanischen Studie, in der sie die Einstellungen zum Sitzenbleiben bei angehenden Lehrkräften erfassten. Die Versuchsteilnehmer gaben an, dass Sitzenbleiben dann angemessen sei, wenn Kinder keine Unterstützung von zu Hause erhielten, Unreife im Klassenzimmer zeigten oder niedrige Leistungen in Mathematik aufwiesen. Gleichzeitig bemerkten sie aber auch, dass Sitzenbleiben in den mittleren Klassenstufen das Selbstkonzept der Schüler schädigen und Verhaltensprobleme verursachen könnte.

6.4 Merkmale von Schulen und Unterricht

Neben Schülerinnen und Schülern sowie Lehrkräften tragen auch die Schulen und der dort stattfindende Unterricht zur Wahrscheinlichkeit bei, Klassenwiederholungen anzuordnen.

6.4.1 Qualität und Differenzierung des Unterrichts

Die Qualität des Unterrichts und die Bereitschaft zur Binnendifferenzierung sind wichtige Prädiktoren für Klassenwiederholungen. So können individualisierte Lehrmethoden und gezielte Förderung von Schülerinnen und Schülern das Wiederholungsrisiko signifikant reduzieren (Gonzales-Betancor & Lopez-Puig, 2016; Pires et al., 2021). Schulen, die auf die frühzeitige Identifikation von Schülerinnen und Schülern mit Schwierigkeiten im Lesen und im Rechnen setzen und diese ebenso frühzeitig unterstützen, erreichen Studien zufolge eine signifikante Verringerung der Wiederholungsraten (Kovaleski et al., 1999; Murray et al., 2010).

6.4.2 Schulklima und soziale Integration

Ein positives Schulklima und eine unterstützende Lernumgebung sind entscheidend für die Reduzierung der Wiederholungsraten. Studien von Lubbers et al. (2006) und Choi et al. (2018) belegen, dass Schulen mit gutem sozialem Klima und starken Lehrer-Schüler-Beziehungen eine geringere Wiederholungsquote haben. Westphal et al. (2020) stellten fest, dass positive Beziehungen innerhalb der Schulgemeinschaft das soziale und emotionale Wohlbefinden der Schülerinnen und Schüler fördern und das Risiko einer Wiederholung senken können. Beständigkeit im Lehrerkollegium hat sich ebenfalls als wichtiger Faktor für die Versetzungsentscheidung erwiesen. Schulen mit hoher Fluktuation im Lehrpersonal bieten eine schlechtere Unterstützung für ihre Schülerinnen und Schüler, was wiederum das Wiederholungsrisiko erhöht (Agasisti & Cordero, 2017). Vor allem Schülerinnen und Schüler aus benachteiligten Schichten profitieren von beständigen Lehrer-Schüler-Beziehungen, da sie mehr emotionale und akademische Unterstützung erfahren und daher seltener zurückgestellt werden müssen (Salza, 2022).

6.4.3 Zusammensetzung der Schülerschaft und soziale Durchmischung

Auch die soziale und kulturelle Zusammensetzung der Schülerschaft beeinflusst die Wahrscheinlichkeit von Klassenwiederholungen. Studien (z. B. Agasisti & Cordero, 2017) zeigen, dass Schulen mit einem hohen Anteil an Schülerinnen und Schülern aus sozioökonomisch benachteiligten oder migrantischen Familien oft höhere Wiederholungsraten haben. Unklar bleibt, ob dies auf Selbstselektion oder die spezifischen Peer-Effekte zurückzuführen ist, die bei einer stark homogenisierten Schülerschaft auftreten können. In einer Studie von Klapproth und Schaltz (2015) konnte gezeigt werden, dass der sozioökonomische Status des Schulbezirks ein signifikanter Prädiktor für Klassenwiederholungen war: Schülerinnen und Schüler aus einkommensschwachen Bezirken hatten ein signifikant höheres Risiko, eine Klasse zu wiederholen, als Schülerinnen und Schüler aus einkommensstarken Bezirken, selbst wenn ihre individuellen Leistungen (in Form von Schulnoten) berücksichtigt wurden.

6.5 Zusammenfassung und Implikationen

Die dargestellten Ergebnisse verdeutlichen die Vielzahl an Faktoren, die Klassenwiederholungen beeinflussen. Besonders auffällig ist, dass neben offensichtlichen Kriterien wie schulischen Leistungen auch soziodemografische, psychologische und kontextuelle Merkmale eine zentrale Rolle spielen. Leistungsdefizite in Kernfächern wie Mathematik und Lesen sind zwar der stärkste Prädiktor, doch auch Faktoren wie das Geschlecht, der sozioökonomische Status, ein vorliegender Migrationshintergrund und gesundheitliche Einschränkungen tragen signifikant zur Wahrscheinlichkeit einer Klassenwiederholung bei. Die Ergebnisse zeigen zudem, dass die Entscheidungen über Klassenwiederholungen nicht nur von objektiven Kriterien abhängen, sondern maßgeblich durch die subjektiven Überzeugungen und Urteile von Lehrkräften geprägt werden. Lehrkräfte greifen häufig auf stereotype Denkweisen oder kategoriale Entscheidungsprozesse zurück, insbesondere dann, wenn ihre Verantwortlichkeit in einem kollektiven Entscheidungsrahmen, wie z. B. Klassenkonferenzen, relativiert wird.

Eine besondere Herausforderung ergibt sich aus den strukturellen und institutionellen Rahmenbedingungen der Schulen. Unzureichende Binnendifferenzierung, schwache soziale Unterstützungssysteme und negative Schulklimata erhöhen das Risiko von Klassenwiederholungen. Diese Ergebnisse legen nahe, dass systemische Verbesserungen – etwa eine frühzeitige Förderung, stabilere Lehrer-Schüler-Beziehungen und individualisierte Unterrichtsstrategien – das Wiederholungsrisiko deutlich senken könnten.

Die Studien unterstreichen außerdem die soziale Selektivität von Versetzungsentscheidungen: Schüler aus sozioökonomisch benachteiligten oder migrantischen Familien sind einem höheren Risiko ausgesetzt, eine Klasse zu wiederholen, selbst wenn ihre schulischen Leistungen vergleichbar sind. Dies wirft kritische Fragen zur Chancengleichheit und zur Rolle des Bildungssystems als potenzieller Verstärker sozialer Ungleichheit auf.

Insgesamt zeigen die Ergebnisse, dass Klassenwiederholungen nicht isoliert betrachtet werden können. Sie sind vielmehr das Ergebnis eines komplexen Zusammenspiels von individuellen, sozialen und institutionellen Faktoren, was die Notwendigkeit eines ganzheitlichen Ansatzes in der Bildungspolitik und -praxis unterstreicht. Ein umfassendes Verständnis der Faktoren, die Klassenwiederholungen beeinflussen, ist entscheidend, um präventive Maßnahmen zu entwickeln und gefährdete Schüler zu unterstützen.

Bildungspolitische Maßnahmen sollten daher sowohl auf die Stärkung der Lehrerkompetenz als auch auf strukturelle Verbesserungen innerhalb der Schulen abzielen. Besonders in sozioökonomisch benachteiligten Regionen könnten gezielte Ressourcenverteilung und Programme zur Förderung der sozialen und schulischen Integration zur Reduzierung der Wiederholungsraten beitragen.

Auswirkungen von Klassenwiederholungen 7

Zusammenfassung

Klassenwiederholungen zeigen laut Forschung nur selten positive Effekte auf die schulischen Leistungen; negative oder keine Effekte sind häufiger. Während kurzfristig leichte Leistungsverbesserungen möglich sind, verschwinden diese langfristig. Im Bereich Lesen sind negative Auswirkungen stärker ausgeprägt als im Fach Mathematik. Wiederholungen in frühen Schuljahren sind nicht effektiver als spätere Wiederholungen. Psycho-emotional können Klassenwiederholungen zu Stigmatisierung, vermindertem Selbstwertgefühl und sozialer Ausgrenzung führen, wobei diese Effekte jedoch unterschiedlich stark ausgeprägt sind und sich teilweise mit der Zeit abschwächen. Zudem erhöhen Klassenwiederholungen signifikant das Risiko von Schulabbrüchen oder weiteren Wiederholungen. Zusätzlich entstehen durch Klassenwiederholungen hohe materielle Kosten für das Bildungssystem. Insgesamt wird empfohlen, alternative präventive Förderstrategien einzusetzen, die auf individuelle Bedürfnisse der Schülerinnen und Schüler eingehen und gezielt Defizite adressieren.

7.1 Methoden der Wirksamkeitsforschung bei Klassenwiederholungen

Trotz der Häufigkeit, mit der Schulen das Sitzenbleiben als pädagogische Maßnahme für leistungsschwache Schülerinnen und Schüler einsetzen, zeigen zahlreiche empirische Studien der letzten 40 Jahre, dass das Sitzenbleiben kaum positive Effekte für die betroffenen Schülerinnen und Schüler hat (z. B. Goos et al., 2021; Hattie, 2023; Holmes, 1989). Allerdings führt die Befundlage nicht immer zu den gleichen Schlussfolgerungen der Forschenden. Hinzu kommt, dass es – wenn auch nicht sehr viele – Studien gibt, die positive

Auswirkungen von Klassenwiederholungen für die Schülerinnen und Schüler aufzeigen (z. B. Marsh et al., 2017).

7.1.1 Gleiches Alter oder gleiche Klasse?

Ein wichtiger methodischer Grund dafür, warum Studien zu unterschiedlichen Ergebnissen und Schlussfolgerungen sowie entsprechenden politischen Implikationen ihrer Ergebnisse gelangen, hängt damit zusammen, mit welchen Schülerinnen und Schülern die Klassenwiederholer verglichen werden. Hier sind in Bezug auf die Klassenstufe, in der die Daten erhoben werden, prinzipiell zwei Möglichkeiten gegeben. Klassenwiederholer können entweder mit versetzen Schülerinnen und Schülern verglichen werden, die im gleichen Alter sind („same age"), oder mit solchen, die in der gleichen Klassenstufe sind („same grade").

▶ Beim Ansatz „same age" sind die Schülerinnen und Schüler beider Gruppen im Durchschnitt gleich alt. Da die Daten von beiden Schülergruppen in der Regel zum gleichen Zeitpunkt erfasst werden, befinden sich die Sitzenbleiber notwendigerweise in einer niedrigeren Klassenstufe als ihre versetzten Altersgenossen. Beim Ansatz „same grade" befinden sich beide Gruppen in derselben Klassenstufe. Da jedoch die wiederholenden Schülerinnen und Schüler ein Jahr länger in derselben Klassenstufe unterrichtet wurden, sind sie im Durchschnitt ein Jahr älter als die Versetzten.

Einige Forschende argumentieren, dass Vergleiche von Schülerinnen und Schülern gleichen Alters angemessener sind, da sie die Wirksamkeit des Sitzenbleibens anhand des korrekten Kontrafaktischen bewerten: dem Ergebnis, das Schüler ohne Wiederholung erzielt hätten (Roderick & Nagaoka, 2005). Allerdings könnten sitzengebliebene Schüler in diesem Vergleich benachteiligt sein, da sie nicht die Möglichkeit hatten, denselben Stoff zu behandeln wie die versetzten Schüler. Im Gegensatz dazu haben Vergleiche in der gleichen Klassenstufe den Vorteil, dass sie Leistungsunterschiede zwischen sitzengebliebenen und versetzten Schülern erfassen, die denselben Lernstoff durchgearbeitet haben. Allerdings fließen hierbei Faktoren wie Reife (oder Alter) sowie ein zusätzliches Schuljahr in den geschätzten Effekt des Sitzenbleibens ein, was den nicht versetzten Schülern zugutekommt (Fruehwirth et al., 2016).

Kurz gesagt, Vergleiche von Schülerinnen und Schülern gleichen Alters sind angemessener, wenn das Ziel der Studie darin besteht, die kognitive Entwicklung zu messen. Vergleiche in derselben Klassenstufe sind vorzuziehen, wenn der Einfluss der Klassenwiederholung auf den Erwerb klassenstufenspezifischen Wissens evaluiert werden soll.

7.1.2 Die Schätzung kausaler Effekte

Die beste Methode, um die Wirkung des Sitzenbleibens zu testen, wäre sicherlich ein randomisiertes Studiendesign. Würde man dieses realisieren, würden die Schülerinnen und Schüler zufällig einer von zwei Gruppen zugeteilt. In Gruppe 1 würde jeder Schüler bzw. jede Schülerin versetzt, in Gruppe 2 müssten alle eine Klasse wiederholen. Mit diesem Design könnte der kausale Effekt der Klassenwiederholung auf unterschiedliche Variablen festgestellt werden, da durch die Randomisierung bei hinreichend großem Stichprobenumfang alle potenziellen Störvariablen ausgeschaltet werden. Doch ethische Gründe verbieten ein solches Vorgehen.

Um einem randomisierten Studiendesign nahezukommen und unerwünschte Unterschiede zwischen nicht versetzten und versetzten Schülerinnen und Schülern auszugleichen, kann das Matching-Verfahren verwendet werden. Hierbei werden Schülerinnen und Schüler mit ähnlichen Eigenschaften so gepaart, dass sich die beiden Gruppen idealerweise nur dadurch unterscheiden, dass die eine Gruppe versetzt und die andere Gruppe nicht versetzt wurde. In der Praxis ist dieses Matching zwar nie perfekt, aber einige der heutigen Matching-Methoden simulieren ein randomisiertes Design recht gut. Eine dieser Techniken ist das Propensity-Score-Matching (Rosenbaum & Rubin, 1983; West & Thoemmes, 2008).

Beim Propensity-Score-Matching werden die vielen Eigenschaften eines Schülers bzw. einer Schülerin in einem einzelnen Indexwert zusammengefasst, dem sogenannten Propensity-Score. Dieser Wert gibt an, wie wahrscheinlich es ist, dass dieser Schüler bzw. diese Schülerin nicht versetzt wird. Nachdem für jeden Schüler und für jede Schülerin ein Propensity-Score berechnet wurde, erfolgt das Matching, also die Zuordnung von Schülerinnen und Schülern aus der Sitzenbleiber-Gruppe zu Schülerinnen und Schülern aus der Vergleichsgruppe, und zwar auf Grundlage der Ähnlichkeit der Propensity-Scores. Zur Sicherstellung der Qualität des Matchings wird dabei eine maximal zulässige Differenz zwischen den Propensity-Scores innerhalb eines potenziellen Paares (der sogenannte Caliper-Wert) festgelegt. Ein niedriger Caliper-Wert sorgt dafür, dass die gematchten Paarlinge eine hohe Ähnlichkeit aufweisen, reduziert jedoch die Anzahl der möglichen Zuordnungen, da nur sehr ähnliche Schüler gematcht werden. Ein erfolgreiches Matching führt zu einer Stichprobe von Schülerpaaren, deren Paarlinge sich nur darin unterscheiden, ob sie sitzengeblieben sind oder nicht. Problematisch wird an diesem Ansatz gesehen, dass die Auswahl der Schülerinnen und Schüler ausschließlich aufgrund von beobachteten Merkmalen geschieht und unbeobachtete Merkmale (wie z. B. Intelligenz, Motivation) die Schätzung der Effekte verzerren können. Außerdem wird durch das Matching die Anzahl der Schülerinnen und Schüler, die verglichen werden, stark reduziert, da nur ähnliche Schüler miteinander verglichen werden. Schließlich ist ein Nachteil an dieser Methode, dass nur solche Schülerinnen und Schüler erfasst werden, die in einem eng umschriebenen Leistungsbereich liegen (die Leistung respektive die Schulnoten liegen in einem Bereich, der sowohl die Versetzung als auch das Sitzenbleiben ermöglicht). Klassenwiederholer mit deutlich schlechteren Leistungen werden in diesem Verfahren nicht erfasst, da sich für sie in der Regel kein Matchingpartner finden lässt.

Ein alternativer Ansatz, die Auswirkungen von Klassenwiederholungen außerhalb eines randomisierten Studiendesigns zu schätzen, ist die Regressions-Diskontinuitäts-Analyse. Diese Analyse wird verwendet, um kausale Zusammenhänge zu schätzen, bei denen die „Teilnahme" an einer Klassenwiederholung durch eine sogenannte Schwellenvariable bestimmt wird. Anders ausgedrückt: Die Klassenwiederholung erfolgt, sobald die Variable einen bekannten Schwellenwert überschreitet; andernfalls wird der Schüler in die nächste Klasse versetzt. Schwellenvariablen können dabei Schulnoten sein (z. B. ein bestimmter Notendurchschnitt oder eine bestimmte Anzahl von Fächern mit der Note „mangelhaft"). In dem Regressions-Diskontinuitäts-Ansatz wird angenommen, dass Schülerinnen und Schüler in einem kleinen Bereich um diesen Schwellenwert herum zufällig entweder sitzenbleiben oder versetzt werden. Trifft diese Annahme zu, unterscheiden sich Schülerinnen und Schüler beider Gruppen (Wiederholer und Versetzte) nur hinsichtlich der Tatsache, dass die einen wiederholen und die anderen versetzt werden. Daher wird der durchschnittliche kausale Effekt der Klassenwiederholung durch den Unterschied in den Ergebnissen zwischen diesen beiden Gruppen geschätzt. Der Nachteil dieses Ansatzes besteht – ähnlich wie beim Propensity-Score-Matching – darin, dass die Analyse nur möglich ist für Schülerinnen und Schüler, die sich in einem relativ kleinen Bereich oberhalb und unterhalb der Schwelle der Zuweisungsvariable befinden (Lee & Lemieux, 2010).

Häufig werden kausale Effekte von Klassenwiederholungen auch durch multiple Regressionsanalysen geschätzt. In diesen Analysen werden die Effekte der Klassenwiederholung durch die Enge des Zusammenhangs zwischen der Versetzungsentscheidung (versetzt versus nicht versetzt) und verschiedenen Schülermerkmalen, die im Anschluss an die Versetzungsentscheidung erhoben wurden, geschätzt. Da Zusammenhangsmaße keinen Rückschluss auf Kausalität erlauben, werden zusätzlich Zusammenhänge mit anderen Variablen ermittelt und diese damit „kontrolliert". Diese Art der Schätzung von Effekten ist vergleichsweise leicht durchzuführen, hat aber den Nachteil, dass unberücksichtigte Variablen die Schätzung der Effekte beeinflussen können. Ein Vorteil liegt sicherlich darin, dass die Stichprobe nicht eingeschränkt werden muss und somit prinzipiell mehr Daten zur Verfügung stehen als bei den beiden anderen Ansätzen.

Propensity-Score-Matching

- Berechnet einen Index (Propensity-Score) zur Wahrscheinlichkeit des Sitzenbleibens anhand vieler Schülermerkmale.
- Matching von Schülerpaaren mit ähnlichen Scores, um Unterschiede gezielt auf die Wiederholung zurückzuführen.
- Ein festgelegter maximaler Unterschied (Caliper-Wert) sorgt für hohe Ähnlichkeit, reduziert aber Stichprobengröße.

- Problematisch: Unbeobachtete Merkmale (z. B. Intelligenz, Motivation) können Ergebnisse verzerren.
- Nachteil: Erfasst nur Schüler mit Leistungen nahe der Versetzungsgrenze, stark leistungsschwache Schüler fallen heraus.

Regressions-Diskontinuitäts-Analyse

- Schätzt kausale Effekte über eine klare Schwellenvariable (z. B. Notendurchschnitt), die Klassenwiederholung bestimmt.
- Annahme: Schüler nahe der Schwelle werden zufällig versetzt oder nicht versetzt.
- Beschränkt sich nur auf Schüler unmittelbar um die Schwelle; andere bleiben unberücksichtigt.

Multiple Regressionsanalyse

- Schätzt Zusammenhänge zwischen Versetzung und Schülermerkmalen nach der Entscheidung.
- Kontrolliert statistisch andere Einflussvariablen.
- Vorteil: Einfach durchzuführen und große Stichproben möglich.
- Nachteil: Gefahr verzerrter Schätzungen durch unbeobachtete Variablen.

7.2 Auswirkungen von Klassenwiederholungen auf die Leistung

Die nachfolgend berichteten Ergebnisse stammen sowohl aus einzelnen Studien als auch aus Metaanalysen. Metaanalysen haben gegenüber einzelnen Studien den Vorteil, dass sie Ergebnisse aus einzelnen Studien zusammenfassen und somit eine Einschätzung des Effekts einer pädagogischen Maßnahme erlauben, der über die in einer konkreten Stichprobe ermittelten Effekte einer einzelnen Studie hinausgeht.

7.2.1 Selten positive Effekte, manchmal negative Effekte, häufig kein Effekt

Entgegen Annahmen vieler Lehrkräfte zeigte bereits Holmes (1989) in einer Meta-Analyse von 63 kontrollierten Studien (mit Vergleichen von Schülerinnen und Schülern gleichen Alters und gleicher Klassenstufe), dass 54 dieser Studien negative Effekte des Sitzenbleibens auf Leistungsvariablen im Folgejahr belegten. Die übrigen Studien wiesen zwar kurzfristig positive Effekte auf, doch diese nahmen über die Zeit ab und verschwanden schließlich in späteren Schuljahren. Jimerson (2001) führte eine Meta-Analyse von

Studien zum Sitzenbleiben durch, die sich auf Veröffentlichungen in den 1990er Jahren stützt und ebenfalls beide Vergleichstypen berücksichtigte. Er fand heraus, dass in 47 % der Analysen die Leistungen versetzter Schülerinnen und Schüler besser waren, in 5 % die der sitzengebliebenen Schülerinnen und Schüler, und in 48 % der Studien keine signifikanten Unterschiede zwischen beiden Schülergruppen vorlagen.

Ähnliche Ergebnisse zeigte Hattie (2009) in einer Synthese von über 800 Meta-Analysen zur Leistung von Schülerinnen und Schülern. Im Ranking der Einflussfaktoren auf die Schülerleistung rangierte das Sitzenbleiben auf Platz 136 von insgesamt 138 Faktoren, und die Gesamtwirkung des Sitzenbleibens war negativ. Studien zu den Auswirkungen des Sitzenbleibens auf die schulischen Leistungen, die im Anschluss an diese Meta-Analysen durchgeführt wurden, zeigten bei Vergleichen in derselben Klassenstufe ähnliche Ergebnisse (z. B. Chen et al., 2010; Ehmke et al., 2008).

In einer jüngeren Meta-Analyse überprüften Goos et al. (2021) 84 aktuelle, methodisch solide Studien, die die Auswirkungen von Wiederholungen in unterschiedlichen Klassenstufen auf die Entwicklung von Wiederholern und Nicht-Wiederholern in verschiedenen Ländern untersucht hatten. Sie stellten fest, dass Klassenwiederholungen im Durchschnitt keinen Effekt hatten, was darauf hindeutet, dass Wiederholer und Nicht-Wiederholer eine ähnliche Entwicklung zeigten. Gleichzeitig fanden sie jedoch, dass sich die Effekte von Klassenwiederholungen in Abhängigkeit von spezifischen Studienmerkmalen unterschieden. So scheinen Klassenwiederholungen in Ländern, in denen Klassenwiederholungen vor allem Selektionszwecken dienen, wenig effektiv zu sein. Im Gegensatz dazu sind Klassenwiederholungen effektiver in Ländern, in denen Lehrkräfte gezielt auf die Unterschiedlichkeit der Schülerinnen und Schüler eingehen und sie entsprechend fördern.

7.2.2 Lesen wird durch Klassenwiederholungen stärker negativ beeinflusst als Rechnen

In einer Studie von Holmes und Matthews (1984) hatte das Sitzenbleiben in jedem der untersuchten Leistungsbereiche im Durchschnitt negative Effekte; die Effekte waren in ihrer Größe jedoch unterschiedlich, wobei die größten negativen Auswirkungen im Bereich Lesen und die geringsten in Mathematik zu verzeichnen waren. Jimersons (2001) Meta-Analyse bestätigte diese Tendenz und zeigte, dass die negativen Effekte des Sitzenbleibens im Bereich Lesen größer waren als in Mathematik. Diese Unterschiede könnten auf unterschiedliche soziodemografische Hintergründe zwischen versetzten und nicht versetzten Schülern zurückzuführen sein, wie etwa die zu Hause gesprochene Sprache oder einen Migrationshintergrund.

In einer anderen Studie (Gleason et al., 2007) wurde festgestellt, dass sitzengebliebene Schülerinnen und Schüler im Vergleich zu versetzten Schülern gleichen Alters („same age") in Lesetests und Mathematiktests signifikant schlechter abschnitten. Vergleicht man jedoch die Schüler in derselben Klassenstufe („same grade"), so schnitten die Sitzenbleiber in beiden Bereichen besser ab, wobei der Unterschied in Mathematik größer war als im Lesen. Eine mögliche Erklärung dafür, dass die mathematischen Leistungen nach dem Sitzenbleiben nicht so stark nachließen wie die sprachlichen Leistungen oder sich sogar Verbesserungen im Vergleich zu Sprachen zeigten, ist, dass Mathematik ein Schulfach ist, das fast ausschließlich in der Schule gelernt wird. Sprachkenntnisse hingegen werden auch außerhalb der Schule, in Familien und Peer-Gruppen, erworben. Ein wiederholtes Schuljahr könnte daher einen vergleichsweise größeren Vorteil in Mathematik als in den sprachlichen Fächern bringen.

7.2.3 Frühes versus spätes Wiederholen

Obwohl Forschungen zu Klassenwiederholungen viele Belege für ihre Unwirksamkeit geliefert haben, wird von Befürwortern der Klassenwiederholung häufig das Argument gebracht, dass eine Wiederholung in den frühen Grundschuljahren (z. B. in der ersten oder zweiten Klasse) eine gerechtfertigte Ausnahme darstelle, da frühe Wiederholungen wirksamer seien als späte Wiederholungen. Allerdings finden sich kaum Studien, die diese Annahme belegen. So haben beispielsweise Silberglitt et al. (2006) in einer Längsschnittstudie die Entwicklung der Lesleistung von Schülerinnen und Schülern, die in den ersten beiden Grundschuljahren eine Klasse wiederholt haben, mit denen verglichen, die in den Klassen 3 bis 6 zurückgestellt wurden. Sie fanden zwischen beiden Schülergruppen keinen Unterschied. Auch in einer späteren Meta-Analyse (Goos et al., 2021) konnten keine Unterschiede im Hinblick auf die Auswirkungen von Klassenwiederholungen auf unterschiedliche Maße (Leistung, Wohlbefinden, Schulkarriere) zwischen Wiederholungen in der Grundschule und der Sekundarstufe festgestellt werden.

7.2.4 Kurzfristige versus langfristige Effekte

Das Auftreten positiver oder negativer Effekte könnte davon abhängen, wie viel Zeit seit dem eigentlichen Sitzenbleiben vergangen ist. Kurzfristig, vor allem im wiederholten Schuljahr, profitieren Schüler wahrscheinlich vom Sitzenbleiben, da sie den gleichen (oder zumindest einen ähnlichen) Lernstoff erneut durchlaufen, was ihnen helfen könnte, ihre Gesamtleistung zu verbessern. Holmes (1989) fand in seiner Meta-Analyse tatsächlich heraus, dass die Sitzenbleiber unmittelbar nach dem Wiederholungsjahr im Durchschnitt besser abschnitten als die versetzten Schüler. Dieser Vorteil nahm jedoch mit zunehmendem zeitlichem Abstand zum Sitzenbleiben ab. Pierson und Connell (1992) berichteten in einer Studie mit Vergleichen innerhalb der gleichen Klassenstufe, dass die Effekte des Sitzenbleibens nur kurzfristig anhielten, aber nach spätestens zwei Jahren verschwanden. Wu et al. (2008) stellten in Vergleichen gleicher Altersgruppen und gleicher Klassenstufen fest, dass standardisierte Testwerte in Mathematik und Lesen bei Sitzenbleibern kurzfristig (etwa ein halbes Jahr nach dem Sitzenbleiben) höher waren als bei den versetzten Schülern. Dieser Vorteil verschwand jedoch langfristig (2,5 Jahre nach dem Sitzenbleiben). Ähnliche Effekte werden in einer Studie von Marsh et al. (2017) berichtet. Dort hatten Klassenwiederholer im Durchschnitt zwar unmittelbar nach dem Jahr der Wiederholung bessere Schulnoten in Mathematik und Deutsch, erzielten aber in einem standardisierten Mathematik-Leistungstest geringere Werte als ihre versetzten Mitschüler. Ein Jahr später waren die positiven Effekte der Klassenwiederholung nicht mehr nachweisbar. In einer Längsschnittstudie mit Propensity-Score-Matching (Klapproth et al., 2016) konnte gezeigt werden, dass Schülerinnen und Schüler, die die 7. Klasse wiederholt hatten, im Jahr nach der Wiederholung bessere Schulnoten aufwiesen als ihre versetzten Mitschüler, dieser Vorteil jedoch bereits zwei Jahre nach der Wiederholung nicht mehr nachweisbar war. In darauffolgenden Jahren nach der Wiederholung erhielten die versetzten Schüler sogar bessere Schulnoten als die sitzengebliebenen Schüler (Klapproth et al., 2021).

7.2.5 Effekte durch zusätzliche Maßnahmen im wiederholten Jahr

Das Wiederholen einer Klasse kann dann positive Effekte auf die Schülerleistungen ausüben, wenn es mit gezielter schulischer Förderung verbunden ist, während das bloße Wiederholen des gleichen Schulstoffs eher negative Effekte zeitigt (Karweit, 1999). In seiner Metaanalyse von 63 Studien untersuchte Holmes (1989) die Merkmale der Programme in den neun Studien, die positive Effekte des Wiederholens feststellten. In diesen Fällen wurde ein individueller und detaillierter Plan zu Förderzwecken erstellt. Die Kinder durchliefen nicht erneut das gleiche Curriculum, sondern wurden stattdessen in speziellen Klassen mit einem niedrigen Schüler-Lehrer-Verhältnis unterrichtet. Stone und Engle (2007) interviewten 22 Schülerinnen und Schüler, die eine Klasse wiederholen, vor und während des Wiederholungsjahres. Die Schülerinnen und Schüler gaben an, dass sie meist mit demselben Material wie im Vorjahr konfrontiert wurden. Obwohl der Zugang zu Fördermaßnahmen variierte, berichteten die Schüler von wenig Anleitung durch die Lehrkräfte und änderten ihre Lernstrategien generell nicht. Allerdings waren Schülerinnen und Schüler, die während des Wiederholungsjahres ein hohes Maß an Unterrichtsunterstützung erhielten und ihre Lernstrategien veränderten, vergleichsweise erfolgreicher.

Allerdings konnte auch verschiedentlich gezeigt werden, dass Schülerinnen und Schüler, die nicht versetzt wurden, im darauffolgenden Schuljahr (dem wiederholten Jahr) nachweislich weniger akademische Unterstützung vonseiten der Lehrkräfte erhielten und einen stärkeren Rückgang der Unterstützungsleistungen vom ersten zum zweiten Jahr erlebten als versetzte Schüler. Dies deutet darauf hin, dass die Klassenwiederholung, und nicht andere Unterstützungsmaßnahmen, als die eigentliche Intervention betrachtet wurde und zusätzliche Maßnahmen als nicht notwendig erachtet wurden (Peterson & Hughes, 2011; Schnurr et al., 2009).

7.3 Auswirkungen von Klassenwiederholungen auf psycho-emotionale Merkmale

Es ist nicht nur die Leistung, die in Studien zur Wirksamkeit von Klassenwiederholungen im Fokus steht. In vielen Untersuchungen werden auch Schülermerkmale betrachtet, die mit dem Erleben von Unterricht und Schule zu tun haben. Dazu zählen zum Beispiel das Selbstwertgefühl, Interesse, Schulangst und Lernmotivation.

7.3.1 Annahmen über negative Auswirkungen von Klassenwiederholungen

Über die Auswirkungen des Sitzenbleibens auf psycho-emotionale Schülermerkmale liegen eine ganze Reihe von Annahmen vor. Positive Effekte des Sitzenbleibens auf die Schulleistungen von Schülerinnen und Schülern werden zum Beispiel gelegentlich darauf zurückgeführt, dass die wiederholenden Schüler im Vergleich zu ähnlich leistungsschwachen, aber versetzten Schülern reifer sind (Wu et al., 2010). Da die Sitzenbleiber im Durchschnitt ein Jahr älter sind als ihre Mitschüler, haben sie vermutlich mehr Erfahrung mit dem Lehrplan und den Abläufen im Klassenzimmer. Zudem haben sie möglicherweise auch mehr Kompetenzen im Umgang mit Gleichaltrigen und Lehrkräften entwickelt. Da die kognitive und die psychosoziale Entwicklung miteinander verbunden sind, könnten sitzengebliebene Kinder an Selbstvertrauen gewinnen, wenn sie sich mit jüngeren, versetzten Mitschülern vergleichen. Diese sozialen Vergleiche, die zugunsten der Sitzenbleiber ausfallen sollten, könnten dazu beitragen, ihr Selbstbewusstsein und ihr Interesse an Schule und Unterrichtsfächern zu stärken (Plummer & Graziano, 1987).

Andererseits sind Lehrkräfte zuweilen auch besorgt über das Stigma, das mit dem Sitzenbleiben verbunden zu sein scheint. Diese Stigmatisierung könnte das Selbstwertgefühl und die Bindung der Schüler an die Schule mindern (Pagani et al., 2001). Einige Lehrkräfte glauben sogar, dass Sitzenbleiben das Selbstwertgefühl und das Vertrauen der Schüler zerstören und dadurch die schulischen Leistungen beeinträchtigen kann (Royce et al., 1983). Ein weiterer Grund für mögliche negative Auswirkungen des Sitzenbleibens könnten die Reaktionen der Mitschüler sein (Entwisle & Hayduk, 1982). Die Sitzenbleiber befinden sich in einer Klasse mit meist jüngeren und oft auch weniger reifen Mitschülern. Möglicherweise werden die Sitzenbleiber von ihren Altersgenossen daher nicht akzeptiert und erleben Diskriminierung, etwa weil sie als statusniedriger angesehen werden (Plummer & Graziano, 1987). Solche Diskriminierungen könnten auch zu geringeren schulischen Leistungen und negativen Selbstbewertungen führen.

7.3.2 Empirische Befunde

Wegen dieser vermuteten Effekte von Klassenwiederholungen auf psycho-emotionale Merkmale wurden daher auch die sozialen und psychologischen Anpassungsprozesse untersucht, die mit dem Sitzenbleiben einhergehen. In seiner Meta-Analyse betrachtete Holmes (1989) über 40 Studien, die psycho-soziale Ergebnisse einschlossen. Diese Studien zeigten im Durchschnitt, dass sitzengebliebene Schüler schlechtere Anwesenheitsquoten, eine geringere soziale Anpassung und negativere Einstellungen zur Schule sowie mehr problematische Verhaltensweisen aufwiesen als ihre versetzten Altersgenossen. Jimerson (2001) identifizierte 16 Studien, die psycho-soziale Ergebnisse untersuchten, und wertete insgesamt 148 Analysen aus. Die große Mehrheit dieser Analysen (86 %) ergab keine statistisch signifikanten Unterschiede zwischen sitzengebliebenen und versetzten Schülern. Auch in der Studie von Klapproth et al. (2016) konnten keine bedeutsamen Unterschiede zwischen versetzten und nicht versetzten Schülerinnen und Schülern bezüglich psycho-emotionaler Merkmale (Selbstkonzept, Ängstlichkeit, Zufriedenheit, Interesse) nachgewiesen werden.

In einer jüngeren Studie konnten Rathmann et al. (2020) zeigen, dass Klassenwiederholung kurzfristig eine Verringerung der Zufriedenheit mit der Schule nach sich zieht. Mittel- und längerfristig jedoch kehrte sich der Trend um, sodass Schülerinnen und Schüler, die sitzengeblieben waren, zunehmend zufriedener mit der Schule waren.

7.4 Auswirkungen von Klassenwiederholungen auf die Schullaufbahn

Schüler, die eine Klasse wiederholen, haben eine deutlich erhöhte Wahrscheinlichkeit, die Schule ohne Abschluss zu verlassen (Alexander et al., 2003; Guévremont et al., 2007; Jacob & Lefgren, 2009; Jimerson, 1999; Ou & Reynolds, 2008). Dieser Befund hat einige Forscherinnen und Forscher zu der Schlussfolgerung veranlasst, dass die Erfahrung, eine Klasse zu wiederholen, eine kausale Auswirkung darauf hat, die Schule ohne Abschluss zu verlassen. Allerdings gibt es erhebliche methodische Einschränkungen für diese Interpretation. Ein Problem besteht darin, dass Schülerinnen und Schüler nicht zufällig einer Klassenwiederholung zugewiesen werden können. Da die Faktoren, die das Risiko des Sitzenbleibens erhöhen (z. B. geringe schulische Leistungen, geringe kognitive Kompetenzen, schlechte lernbezogene Fähigkeiten), auch gleichzeitig das Risiko für Schulabbrüche erhöhen, ist eine kausale Interpretation der Auswirkungen von Klassenwiederholungen erschwert. Wenn es nicht gelingt, die Auswirkungen von bereits bestehenden Unterschieden zwischen Schülerinnen und Schülern, die sitzenbleiben oder versetzt werden, zu kontrollieren, führen die resultierenden Schätzungen der Auswirkungen der Klassenwiederholung zu verfälschten Ergebnissen.

Eine Studie, die versucht hat, den Einfluss potenzieller Störfaktoren zu minimieren, ist die 14-jährige prospektive Studie von Hughes et al. (2017). Sie untersuchten die Auswirkungen der Klassenwiederholung in den Klassen 1 bis 5 auf den Schulabschluss. Mithilfe des Propensity-Score-Matchings wurde eine Gleichwertigkeit zwischen den nicht versetzten und den versetzten Schülerinnen und Schülern in Bezug auf 65 Merkmale hergestellt. Hughes et al. konnten zeigen, dass die Wiederholung einer Klasse die Wahrscheinlichkeit eines Schulabbruchs signifikant um den Faktor 2,6 erhöhte. Außerdem stellten die Autorinnen und Autoren eine signifikante Interaktion zwischen der Klassenwiederholung, der Ethnizität und dem Geschlecht der Schülerinnen und Schüler fest: Die negativen Auswirkungen der Wiederholung waren am stärksten ausgeprägt bei afroamerikanischen und hispanischen Mädchen.

Darüber hinaus konnte verschiedentlich gezeigt werden, dass das Sitzenbleiben mit einer höheren Wahrscheinlichkeit für erneutes Sitzenbleiben und Schulwechsel (Goos et al., 2013) sowie einer geringeren Wahrscheinlichkeit für den Eintritt in die Hochschulbildung verbunden ist (Knipprath, 2013). Auf die spätere berufliche Laufbahn, wie etwa auf Jobchancen und Löhne, scheinen Klassenwiederholungen sich hingegen nicht auszuwirken, wie eine Studie von Pipa et al. (2025) nahelegt. Da diese Ergebnisse jedoch nur auf zwei Studien basieren, ist bei ihrer Interpretation Vorsicht geboten.

7.5 Die Kosten von Klassenwiederholungen

Klassenwiederholungen sind mit Kosten verbunden. Diese sind zum einen immaterielle psychologische Kosten, die dadurch entstehen, dass die Schülerin oder der Schüler die Wiederholung als Last oder Bürde empfindet oder anderweitig sich durch sie benachteiligt sieht. Kosten können aber auch materieller Natur sein. Die materiellen Kosten von Klassenwiederholungen, die sich in Geld ausdrücken lassen, sind von unterschiedlichen Forschenden und mit unterschiedlichen Ansätzen geschätzt worden (beispielsweise Klemm, 2009; Winters, 2023). Dabei lassen sich die materiellen Kosten (mindestens) zwei unterschiedlichen Quellen zuordnen: (a) Kosten, die durch die Verlängerung der Schulzeit dem Staat (und damit der Gesellschaft) entstehen; (b) Kosten, die durch den späteren Eintritt in das Berufsleben dem betroffenen Schüler bzw. seinen Eltern entstehen. Diese beiden Quellen sollen im Folgenden näher beleuchtet werden.

Wenn eine Schülerin oder ein Schüler eine Klasse wiederholt, ist die gängige Annahme, dass das Jahr, in dem der Schüler bzw. die Schülerin eine Klasse wiederholt, ein zusätzliches Schuljahr darstellt und somit den Staat die durchschnittlichen jährlichen Pro-Kopf-Ausgaben für einen Schüler kostet. Die Kosten verteilen sich dabei in Deutschland laut Statistischem Bundesamt (2024) zu 77 % auf Personalkosten, der Rest entfällt auf Sachmittel (13 %) und Investitionen (10 %). Die bundesweit durchschnittlichen Kosten lagen im Jahr 2022 bei 9500 € pro Jahr und Schüler (Statistisches Bundesamt, 2024).

Wiederholt ein Schüler eine Klasse, entstehen also für diese zusätzliche Schulzeit Kosten von 9500 €. Im Schuljahr 2023/2024 haben insgesamt 147.074 Schülerinnen und Schülern eine Klasse wiederholt (Statistisches Bundesamt, 2024). In der Summe wären es entsprechend knapp 1,4 Mrd. €.

Eine weitere Differenzierung der durch Klassenwiederholung entstehenden Kosten unternahm Klemm (2009). Er argumentierte, dass in manchen Bundesländern die Mittelzuweisung an die Schulen nicht über die Anzahl der dort unterrichteten Schüler erfolgt, sondern über die Anzahl der gebildeten Klassen. Wird nun ein Schüler nicht versetzt und beginnt das neue Schuljahr in einer bereits bestehenden Klasse, entstehen folglich keine zusätzlichen Kosten. Allerdings können Klassen nicht beliebig „aufgefüllt" werden, da Obergrenzen für die Klassenfrequenz bestehen. Wird eine Obergrenze überschritten, muss die Klasse geteilt werden, was einen erhöhten Personalbedarf und damit zusätzliche Kosten nach sich zieht. Nach Klemm (2009) lagen die Kosten, die Klassenwiederholungen bundesweit in einem Jahr verursachen, bei knapp einer Milliarde Euro. Inflationsbedingt sind sie heute sehr wahrscheinlich höher.

Darüber hinaus lässt sich in vielen Fällen davon ausgehen, dass sitzengebliebene Schülerinnen und Schüler ihren Eintritt in den Arbeitsmarkt um etwa ein Jahr verzögern. Diese verlängerte Schulzeit bedeutet, dass dem Schüler bzw. der Schülerin Einnahmen aus Berufstätigkeit entgehen, die er oder sie gehabt hätte, wenn keine Klassenwiederholung stattgefunden hätte. Die so entstehenden Kosten durch verhinderte Einnahmen hängen stark davon ab, welchen Abschluss der Schüler bzw. die Schülerin erwirbt: mittlere Schulabschlüsse ermöglichen in der Regel geringere Einnahmen als das Abitur. Allerdings ist mit einer Klassenwiederholung nicht zwingend ein verzögerter Eintritt in den Arbeitsmarkt verknüpft. So argumentiert Winters (2023), dass Schülerinnen und Schüler, die eine Klasse wiederholen, mit höherer Wahrscheinlichkeit die Schule vorzeitig abbrechen als versetzte Schülerinnen und Schüler und somit einige Klassenwiederholer nicht zwingend länger die Schule besuchen als versetzte Schüler. Tatsächlich zeigen Studien (z. B. Schwerdt et al., 2017, für Florida, USA), dass die Wiederholung der dritten Klasse zu einer durchschnittlichen Verlängerung der Schulzeit um 63 % eines Jahres (und nicht eines ganzen Jahres) geführt hat.

7.6 Zusammenfassung und Implikationen

Die Ergebnisse verdeutlichen die weitreichenden Auswirkungen von Klassenwiederholungen auf unterschiedliche Bereiche. Studien zeigen, dass diese Maßnahme nur selten positive Effekte auf die schulischen Leistungen hat. Negative Auswirkungen oder ein fehlender langfristiger Nutzen treten hingegen häufig auf, insbesondere im Bereich Lesen, wo die Effekte stärker negativ ausfallen als in Mathematik. Dabei wird die Wirksamkeit von Klassenwiederholungen stark durch den Kontext und die methodischen Ansätze der Forschung beeinflusst. Unterschiede in den Ergebnissen ergeben sich oft aus der

7.6 Zusammenfassung und Implikationen

Frage, ob Schüler gleicher Klassenstufe oder gleichen Alters verglichen werden. Während Vergleiche gleichen Alters die kognitive Entwicklung fokussieren, können Vergleiche in derselben Klassenstufe klassenstufenspezifisches Wissen besser erfassen.

Psycho-emotionale Konsequenzen wie gemindertes Selbstwertgefühl, Stigmatisierung und schlechtere soziale Anpassung werden ebenfalls häufig beobachtet. Diese negativen Effekte werden durch das Umfeld, wie das Verhalten von Mitschülern und die Unterstützung durch Lehrkräfte, verstärkt. Allerdings deuten einige Befunde darauf hin, dass Klassenwiederholungen kurzfristig positive Effekte, beispielsweise eine höhere Schulzufriedenheit, zeigen können. Diese Effekte verschwinden jedoch in der Regel nach kurzer Zeit.

Auf die Schullaufbahn und den Schulabschluss hat das Sitzenbleiben erhebliche negative Auswirkungen. Wiederholer haben ein höheres Risiko, die Schule ohne Abschluss zu verlassen oder erneut sitzenzubleiben. Gleichzeitig entstehen durch Klassenwiederholungen signifikante finanzielle Kosten, sowohl für die Bildungssysteme als auch für die Betroffenen selbst, beispielsweise durch verzögerten Berufseintritt.

Die Ergebnisse unterstreichen die Bedeutung von begleitenden Fördermaßnahmen. Ohne zusätzliche Unterstützung während des Wiederholungsjahres sind die Effekte eher negativ. Der Nutzen von Klassenwiederholungen ist stark davon abhängig, wie diese umgesetzt werden. Dies verdeutlicht die Notwendigkeit, alternative Förderstrategien zu entwickeln, die präventiv und individualisiert auf die Bedürfnisse der Schüler eingehen.

Alternativen zur Klassenwiederholung 8

> **Zusammenfassung**
>
> Klassenwiederholungen sind häufig keine geeignete Lösung für schulische Probleme, da sie oft negative Auswirkungen haben oder wirkungslos bleiben. Als Alternativen stehen vielfältige Maßnahmen zur Verfügung, die den individuellen Bedürfnissen von Schülerinnen und Schülern besser gerecht werden. Dazu zählen frühzeitige Interventionen bereits im Vorschulalter, verlängerte Lernzeiten, Mentoring-Programme, jahrgangsübergreifendes Lernen und außercurriculare Förderangebote wie Nachmittagsprogramme oder „Summer Schools". Zentral sind auch die datengestützte Diagnose und Bewertung schulischer Leistungen, um Lernprobleme frühzeitig zu erkennen. Zudem können kompetente Lehrkräfte, multiprofessionelle Teams sowie professionelle Lerngemeinschaften die Unterrichtsqualität verbessern. Weiterhin sind elterliches Engagement und differenzierte Unterrichtsmethoden wirksame Mittel, um schulisches Scheitern präventiv zu vermeiden. Die Forschung belegt, dass individualisierte und frühzeitige Unterstützung effektiver und nachhaltiger ist als das Wiederholen einer Klasse.

Klassenwiederholungen sind nicht alternativlos. Seit es sie gibt, sind zahlreiche Maßnahmen entwickelt worden, um sie abzuwenden. Es gibt allerdings keine „Patentlösung", die die Bedürfnisse aller Schülerinnen und Schüler erfüllt, die das Risiko haben, eine Klasse wiederholen zu müssen. Dabei haben genau diese Schüler ein doppeltes Problem. Zum einen sind sie nicht „gut" genug, um in ihrer Klasse erfolgreich zu sein. Zum anderen aber

© Der/die Autor(en), exklusiv lizenziert an Springer-Verlag GmbH, DE, ein Teil von Springer Nature 2025
F. Klapproth, *Klassenwiederholungen verstehen und vermeiden*,
https://doi.org/10.1007/978-3-662-71773-8_8

sind sie auch nicht „schlecht" genug, um die Kriterien für eine Lern- und Entwicklungsstörung zu erfüllen. Sie haben keine Diagnose – und damit nicht den daraus erfolgenden Anspruch einer besonderen Förderung.

Da im Jahrgangsklassensystem am Ende eines Schuljahres nur die beiden Möglichkeiten „Versetzung" oder „Wiederholung" bestehen, haben Lehrkräfte die Wahl, Schülerinnen und Schüler, die das Klassenziel nicht erreicht haben, entweder eine Klasse wiederholen zu lassen oder sie zu versetzen, auch wenn die Gefahr besteht, dass sie in der nächsthöheren Klassenstufe erneut das Klassenziel nicht erreichen werden.

Die „automatische" Versetzung, das heißt, die Versetzung ohne erbrachten Leistungsnachweis, ist auch unter dem Schlagwort „soziale Promotion" bekannt und hat vor allem in den USA eine heftige Diskussion unter Eltern, Lehrkräften und Bildungspolitikern ausgelöst. Sie wurde seit den 1930er Jahren bis in die 1980er Jahre flächendeckend praktiziert und dadurch gerechtfertigt, dass Klassenwiederholungen dem damaligen Forschungsstand zufolge keine positiven Effekte auf die wiederholenden Schülerinnen und Schüler ausübten (Rose et al., 1983). Aus einer humanistischen Perspektive war die soziale Promotion durchaus nachvollziehbar. Warum sollten Schülerinnen und Schüler aus ihrem Klassenverbund herausgenommen werden, mit all den möglichen Nachteilen, die damit verbunden sind, wenn die durch die Wiederholung erhofften positiven Effekte nur selten eintraten?

Was jedoch bei der sozialen Promotion zunächst nicht berücksichtigt wurde, war, dass mit ihr die Verantwortung der Schülerinnen und Schüler für ihr eigenes Lernen abhanden kam (Owings & Kaplan, 2001). Die soziale Promotion hat – unbeabsichtigt – den Schülerinnen und Schülern beigebracht, dass sie sich nicht anstrengen und die Lernziele nicht erreichen müssen, um versetzt zu werden. Sie bekamen etwas – die Versetzung – für quasi nichts. Das Ergebnis war, dass Schülerinnen und Schüler mit Lernschwierigkeiten sich weniger bemühten (Mandzuk, 1995). Zunächst fiel dies vor allem den Eltern und Lehrkräften auf. Später kamen in der Öffentlichkeit präsentierte Daten aus Vergleichsstudien hinzu, die aufzeigten, dass Schülerinnen und Schüler immer häufiger Grundfertigkeiten wie Rechnen und Lesen nicht beherrschten (Johnson, 2001).

Das automatische Versetzwerden scheint also ebenso wenig wie die Klassenwiederholung das Problem zu lösen, dass manche Kinder und Jugendliche die schulischen Leistungsziele nicht erreichen. Daher haben sich viele Forschende, Lehrkräfte sowie Bildungspolitikerinnen und -politiker intensiv Gedanken darüber gemacht, welche Interventionen alternativ zu Klassenwiederholung und sozialer Promotion die Probleme der betroffenen Schülerinnen und Schüler wirklich lösen. Herausgekommen ist dabei eine Reihe von Maßnahmen, die helfen sollen, Schülerinnen und Schüler, die Gefahr laufen, schulisch zu scheitern, frühzeitig zu erkennen, passende Unterstützung einzuleiten, ein positives Schulklima zu schaffen und ein Unterstützungsnetz bereitzustellen, das nach Bedarf die Zusammenarbeit zwischen Schule und Elternhaus intensiviert. Die vorgeschlagenen Maßnahmen lassen sich grob in folgende Kategorien einteilen (vgl. Jimerson & Renshaw, 2012; Lynch, 2012): (1) Schulbezogene Daten systematisch erheben und auswerten; (2) Daten anhand von Standards beurteilen; (3) Frühzeitig intervenieren; (4)

Längere Lernzeiten anbieten; (5) Kompetente Lehrkräfte einstellen und entwickeln; (6) Multiprofessionelle Teams etablieren; (7) Außercurriculare Förderprogramme aufsetzen; (8) Binnendifferenzieren im Unterricht; (9) Mentorinnen und Mentoren einbinden; (10) Jahrgangsübergreifendes Lernen implementieren; (11) Elterliches Engagement fördern; (12) Überzeugungen von Lehrkräften ändern. Zu beachten ist, dass sich diese Kategorien auch überschneiden oder kombiniert werden können. Im Folgenden werde ich die Maßnahmen kurz beschreiben.

8.1 Schulbezogene Daten systematisch erheben und auswerten

Viele Probleme, mit denen Schulen konfrontiert sind, haben keine offensichtlichen Lösungen. Obwohl es effizient erscheinen mag, schnell auf ein Problem zu reagieren, erweist sich Handeln ohne Daten häufig als nicht effektiv. Zum Beispiel könnte eine Schule in teure neue Lehrmaterialien investieren, um die Leistungen der Schülerinnen und Schüler in einem bestimmten Fachbereich zu verbessern. Liegen die Ursachen für die schwachen Leistungen jedoch anderswo (z. B. in fehlender gezielter Unterstützung für bestimmte Schüler), bleibt das Problem ungelöst oder verschärft sich sogar. Solche Maßnahmen kosten Zeit und Geld, ohne die Leistung der Schülerinnen und Schüler zu verbessern. Daher ist es wichtig, Daten zu nutzen, um die Ursachen eines Problems zu ermitteln, bevor Maßnahmen ergriffen werden.

Eine effektive Unterstützung für Schülerinnen und Schüler, die Lernschwierigkeiten haben und das Klassenziel möglicherweise nicht erreichen, setzt daher voraus, dass ihr Zurückbleiben frühzeitig und korrekt erkannt wird. Das Erkennen von existierenden oder drohenden Problemen benötigt Daten. Allerdings ist im Schulsystem schon immer eine gewisse Ambivalenz hinsichtlich der Rolle von Daten für Bildungszwecke vorhanden gewesen. Einerseits erzeugen Schulen eine sehr große Menge von Informationen, die prinzipiell verwertet werden können. Schulnoten, Schülerbeobachtungen, Anwesenheiten, Testwerte, Verwarnungen und dutzende weitere Informationen fallen regelmäßig an und werden zu Protokoll gegeben. Andererseits besteht bei Lehrkräften und Schulleitungen häufig Unklarheit darüber, wie diese Daten über das hinaus, was ohnehin mit ihnen gemacht werden muss (Zeugnisse schreiben, Eltern informieren, Schülerinnen und Schülern Rückmeldungen geben, etc.), für die Entscheidungsfindung verwendet werden können. Dabei gibt es zahlreiche Hinweise dafür, dass die systematische Erhebung, Auswertung und Verwendung von schulbezogenen Daten die Entscheidungsqualität von Lehrkräften, Schulleitungen und Behörden signifikant verbessern kann (Lai et al., 2014; McNaughton et al., 2012; Poortman & Schildkamp, 2016; Van Geel et al., 2016).

Ein Hauptargument gegen die umfassende und systematische Erhebung von schulbezogenen Daten ist der Datenschutz. Grundsätzlich unterliegen alle in der Schule erfassten Daten der Datenschutz-Grundverordnung (DSGVO). Zusätzlich enthalten Schulgesetze und Landesverfassungen spezifische Vorgaben zum Datenschutz im schulischen Kontext. Dabei gilt, dass Eingriffe in das Recht auf informationelle Selbstbestimmung nur dann zulässig sind, wenn sie im überwiegenden Interesse der Allgemeinheit liegen und gesetzlich geregelt sind. Die Verarbeitung personenbezogener Daten sollte sich daher auf das notwendige Maß beschränken und darf ausschließlich für den Zweck erfolgen, für den die Daten erhoben wurden. Darüber hinaus haben betroffene Personen das Recht auf Auskunft, Berichtigung, Einschränkung der Verarbeitung, Datenübertragbarkeit und Löschung ihrer Daten (Europäische Union, 2016).

Anonymisierung und Pseudonymisierung bieten Möglichkeiten, personenbezogene Daten datenschutzkonform zu verarbeiten. Bei der Anonymisierung werden Daten so verändert, dass eine Zuordnung zu einer bestimmten oder bestimmbaren Person entweder gar nicht mehr möglich ist oder nur mit unverhältnismäßig hohem Aufwand an Zeit, Kosten und Arbeitskraft erfolgen könnte. Die Pseudonymisierung hingegen verändert personenbezogene Daten so, dass sie ohne Hinzuziehung zusätzlicher Informationen, wie etwa einer Schlüsseldatei, nicht mehr einer spezifischen Person zugeordnet werden können. Allerdings bleiben die zusätzlichen Informationen erhalten, sodass eine Identifikation prinzipiell weiterhin möglich ist.

Daten, die in Schulen erhoben werden, können unterschiedlichen Zwecken dienen. Dazu zählen das Screening, d. h. das schnelle und überblicksartige Erfassen von Schülerkompetenzen, die Überwachung der Lernentwicklung von Schülerinnen und Schülern, die Dokumentation von Maßnahmen und ihre Evaluation sowie die Durchführung von Vergleichsstudien im Rahmen von Bildungsmonitorings.

Beispiel

In Deutschland werden seit 2015 unterschiedliche Daten für das nationale Bildungsmonitoring gesammelt und ausgewertet. Ziel des Bildungsmonitorings ist, auf Grundlage gesicherter Ergebnisse von Bildungsprozessen die Qualität des Bildungssystems zu erhöhen (Sekretariat der Kultusministerkonferenz, 2016). Damit sollen die Voraussetzungen verbessert werden, Entwicklungen von Schülerinnen und Schülern nicht nur zu beschreiben, sondern auch zu erklären und mit Hinweisen zu verbinden, wie festgestellte Probleme gelöst werden können. Darüber hinaus sollen mit dem Bildungsmonitoring Forschungsergebnisse systematisch gesichtet, aufbereitet und für die Bildungspolitik wie für die Bildungspraxis bereitgestellt werden. Daten für das

Bildungsmonitoring stammen aus bundesweiten (VERA[1]) wie auch internationalen Vergleichsstudien (PISA,[2] PIRLS/IGLU,[3] TIMSS[4]). ◀

Unabhängig von den großen Vergleichsstudien können Daten aber auch schul- oder klassenspezifisch erhoben werden. Eine Möglichkeit dafür bieten die sog. Lernverlaufsmessungen (Klauer, 2011). Diese dienen der Überwachung der Kompetenzentwicklung von Schülerinnen und Schülern in grundlegenden schulischen Domänen wie Mathematik, Lesen und Rechtschreibung. Die Lernverlaufsmessung beinhaltet die häufige Durchführung kurzer Leistungsüberprüfungen in einer der genannten Lerndomänen. Der Lernverlauf der Schülerinnen und Schüler wird typischerweise in einem Diagramm dargestellt, welches eine Lernkurve über einen bestimmten Zeitraum zeigt. Lehrkräfte können dieses Diagramm nutzen, um die Effektivität eines Lehrplans, die Beherrschung eines Themas durch einen Schüler bzw. eine Schülerin oder die Wahrscheinlichkeit, dass ein Schüler bzw. eine Schülerin die vorgegebenen Lernziele erreicht, zu bewerten.

Lernverlaufsmessungen können ein nützliches Werkzeug für Lehrkräfte sein, um die Leistungen der Schülerinnen und Schüler zu steigern, indem sie systematisch auf die Leistungsdaten reagieren und den Unterricht entsprechend anpassen. Dennoch haben Lehrkräfte beim Einsatz dieser Messungen häufig Schwierigkeiten, ihre pädagogischen Methoden zu verbessern (Ardoin et al., 2013; Peters et al., 2021). Eine Hauptschwierigkeit scheint darin zu bestehen, die Lernverlaufskurven zu interpretieren. So konnte zum Beispiel Klapproth (2018) zeigen, dass angehende Lehrkräfte Probleme hatten, auf Grundlage von Leistungsdaten über einen Zeitraum von 11 Wochen den Lernverlauf von Schülerinnen und Schülern für die nächsten 6 Wochen vorherzusagen. In zwei weiteren Studien (Klapproth et al., 2022; Klapproth & von der Lippe, 2024) konnte festgestellt werden, dass angehende Lehrkräfte sich vom Geschlecht des zu beurteilenden Schülers beeinflussen ließen. War der Verlauf der Lesekompetenz eines Mädchens dargestellt, wurde der Verlauf positiver interpretiert, als wenn der gleiche Verlauf der eines Jungen war.

---

[1] VERA steht für Vergleichsarbeiten. Dabei handelt es sich um einen bundesweit durchgeführten Test für die Jahrgangsstufen 3 und 8, mit dem unterschiedliche schulbezogene Kompetenzen erfasst werden.

[2] PISA bedeutet Programme for International Student Assessment. Im Rahmen dieses Programms werden, von der OECD initiiert, seit dem Jahr 2000 alle drei Jahre in den meisten Mitgliedsstaaten der OECD Schulleistungsuntersuchungen durchgeführt mit dem Ziel, alltags- und berufsrelevante Kenntnisse und Fähigkeiten von 15-Jährigen zu messen.

[3] PIRLS (Progress in International Reading Literacy Study) ist eine international vergleichende Studie, die die Leseleistungen von Schülerinnen und Schülern der 4. Jahrgangsstufe untersucht. Ihr deutscher Ableger heißt IGLU (Internationale Grundschul-Lese-Untersuchung).

[4] TIMSS (Trends in International Mathematics and Science Study) ist eine international durchgeführte Vergleichsstudie mit dem Ziel der Erfassung mathematischer und naturwissenschaftlicher Kompetenzen in der Primar- und Sekundarstufe.

8.2 Daten anhand von Standards beurteilen

Für die Bewertung des Lernfortschritts von Schülerinnen und Schülern sind klar definierte Standards hilfreich. Solche Standards ermöglichen es Lehrkräften, Erfolgserwartungen besser zu definieren, und sie könnten als externe Kontrolle des Lehr- und Lernprozesses dienen. Außerdem könnten Schulen und Lehrkräfte gegenüber einer externen Instanz für das Erreichen von Bildungsstandards verantwortlich gemacht werden.

In Deutschland liegen seit 1997 verbindliche Bildungsstandards vor. Diese sind von der Kultusministerkonferenz beschlossen worden. Ziel war, das deutsche Schulsystem im Rahmen wissenschaftlicher Untersuchungen international vergleichbar zu machen. Dadurch sollten Daten über Stärken und Schwächen der Schülerinnen und Schüler in zentralen Kompetenzbereichen (Deutsch, Mathematik, Naturwissenschaften) gewonnen werden. Diese Bildungsstandards sollen für die Unterrichtsentwicklung genutzt werden. Dafür hat die Kultusministerkonferenz 2009 eine Strategie entwickelt (Sekretariat der Ständigen Konferenz der Kultusminister der Länder in der Bundesrepublik Deutschland, 2010). Darin wird unter anderem zum Ausdruck gebracht, dass mit der Formulierung von Kompetenzerwartungen in den Bildungsstandards für jede Schule Verbindlichkeiten festgelegt werden, die darin bestehen, dass nur mit gelungenen Bildungsprozessen bestimmte Kompetenzerwartungen erfüllt werden können.

Bildungsstandards dienen somit als Referenzsystem für Lernergebnisse und darauf aufbauende Rückmeldungen an Schülerinnen und Schüler, Eltern, Lehrkräfte, Schulleitungen und Behörden. Grundsätzlich können diese Rückmeldungen auf unterschiedlichen Ebenen des Schulsystems stattfinden (George et al., 2022): auf nationaler Ebene als Bildungsmonitoring, auf Schulebene zur Schulentwicklung und Schulevaluation, auf Klassenebene für die Unterrichtsentwicklung und auf Ebene der Schülerinnen und Schüler im Hinblick auf gezielte Fördermaßnahmen. Der Bezug auf Bildungsstandards soll helfen, den Unterricht insgesamt auf die Verbesserung der in den Bildungsstandards definierten Kompetenzen auszurichten und damit auch leistungsschwächere Schülerinnen und Schüler gezielter zu fördern (Altrichter & Kanape-Willingshofer, 2012).

Rückmeldungen über das Ausmaß des Erreichens von Bildungsstandards können in Form von Rohdaten (Punktwerte, Skalenwerte), sozialen Vergleichen (z. B. Klassen- oder Schuldurchschnitten) oder kriterialen Vergleichen (Bezug auf einen bestimmten Fähigkeitsstand, unabhängig von anderen Schülerinnen und Schülern) vorliegen. Lehrkräfte scheinen ein höheres Interesse an kriterialen Rückmeldungen zu haben als an sozialen Vergleichen (Kühle & Peek, 2007). Allerdings konnte auch gezeigt werden, dass Lehrkräfte bei den kriterialen Rückmeldungen Verständnisschwierigkeiten haben (Koch, 2011; Maier et al., 2013). Fachdidaktische Informationen werden zum Teil vernachlässigt, Noten dagegen als Bewertungsmaßstab herangezogen, oder es wird zu sehr auf die verwendeten Testaufgaben fokussiert, anstatt sich mit den Fähigkeitsbeschreibungen der jeweiligen Kompetenzniveaus inhaltlich auseinanderzusetzen.

Studien zeigen allerdings auch, dass Lehrkräfte die Rückmeldungen zum Leistungsstand ihrer Schülerinnen und Schüler nur selten zum Anlass nehmen, ihren Unterricht mit konkreten Maßnahmen zu modifizieren (Groß Ophoff, 2013). Sie scheinen dagegen eher dazu zu neigen, Ergebnisrückmeldungen für eine Lerndiagnose zu verwenden, als daraus Maßnahmen für eine didaktische Weiterentwicklung ihres Unterrichts abzuleiten (Posch, 2009). Eine mögliche Ursache für die geringe Nutzung von Daten aus standardisierten Kompetenztests mit Bezug auf Bildungsstandards könnte darin bestehen, dass sich aus ihnen nur bedingt Rückschlüsse ziehen lassen auf eine konkrete Unterrichtsgestaltung (Altrichter, 2010).

8.3 Frühzeitig intervenieren

Forschungsergebnisse zeigen, dass frühe und regelmäßige Interventionen – je früher, desto besser – dazu beitragen, dass Schülerinnen und Schüler ihre Fähigkeiten verbessern. Frühzeitiges Intervenieren setzt voraus, dass ein Förderbedarf ebenso frühzeitig diagnostiziert wird, um gefährdete Schülerinnen und Schüler bereits zu Beginn des Schuljahres identifizieren zu können. Der Interventions- und Fortschrittsüberwachungsprozess sollte daher so früh wie möglich starten.

Dass frühzeitige Interventionen hilfreich sind, belegen Studien, in denen die Wirksamkeit von Interventionen bereits in der Vorschulzeit dokumentiert wird. So untersuchten beispielsweise Campbell und Ramey (1995) die langfristigen Effekte frühkindlicher Bildungsinterventionen in einer Stichprobe von Schülerinnen und Schülern aus einkommensschwachen Familien. Dabei wurden die Kinder zufällig vier Gruppen zugeteilt: Vorschulförderung gefolgt von früher Grundschulförderung (0–8 Jahre), nur Vorschulförderung (0–5 Jahre), nur Förderung in der frühen Grundschule (5–8 Jahre) und eine Kontrollgruppe ohne Förderung. Mit 15 Jahren – also sieben bis zehn Jahre nach den durchgeführten Interventionen – erzielten Schülerinnen und Schüler, die an einer Vorschulförderung teilgenommen hatten, signifikant höhere Werte in Lese- und Schreibtests. Zudem hatten sie seltener Klassenwiederholungen und wurden seltener in den Förderunterricht eingestuft. Die Ergebnisse unterstützen die relative Wirksamkeit von Vorschulförderung im Vergleich zu späteren schulischen Interventionen. Die Art der Intervention kann völlig unterschiedlich sein, je nachdem, was für das jeweilige Kind angemessen und realisierbar erscheint. Bei Campbell und Ramey waren es neben der Förderung der kognitiven und motorischen Entwicklung vor allem Programme zur Sprachförderung.

Auch während der Schulzeit kommt es darauf an, so früh wie möglich zu intervenieren. Das zeigt eine Studie von Lovett et al. (2017). Dort wurde der Einfluss des Interventionszeitpunkts auf die Lesefähigkeit von Kindern untersucht, die ein Risiko für eine Leseschwäche hatten oder bereits Kriterien für diese erfüllten. Eine Leseintervention mit nachgewiesener Wirksamkeit wurde in Kleingruppen von Kindern in der 1., 2. oder

3. Klasse durchgeführt. Bei grundlegenden Wortlesefähigkeiten zeigten Kinder, die früher – also in der 1. oder 2. Klasse – an der Intervention teilnahmen, im Vergleich zur Kontrollgruppe ohne Intervention fast doppelt so große Fortschritte wie Kinder, die in der 3. Klasse an der Intervention teilnahmen. Bei der Nachuntersuchung war der Vorteil der Intervention in der 1. Klasse noch deutlicher: Die Erstklässler zeigten über die Folgejahre hinweg schnellere Wachstumsraten in sechs von acht Schlüsselbereichen des Lesens als die Zweitklässler.

8.4 Längere Lernzeiten anbieten

Neben einer frühen Förderung können auch verlängerte Lernzeiten dazu beitragen, Schülerinnen und Schüler mit Lernschwierigkeiten zu unterstützen, sodass sie nicht Gefahr laufen, das Klassenziel zu verfehlen. Dies könnte durch verlängerte Schulzeiten, die Teilnahme an Nachmittagsprogrammen oder eine Kombination aus beidem erreicht werden.

Wie Kinder und Jugendliche ihre Zeit im Klassenzimmer nutzen, ist in der Tat ein wichtiges Thema für Lehrkräfte, Schulpsychologen, Schulleitungen und Bildungsforscher. In einer Studie von Hollowood et al. (1994) konnte gezeigt werden, dass in einigen Klassenräumen nur etwa die Hälfte des Schultags für den Unterricht genutzt wurde und der Anteil der Unterrichtszeit, in der sich die Schülerinnen und Schüler wirklich engagierten, je nach Managementkompetenzen der Lehrkräfte, Art des Unterrichts, Gruppierungspraktiken oder individuellen Schülermerkmalen zwischen 50 und 90 % variierte.

▶ Das wissenschaftliche und pädagogische Interesse an der Lernzeit lässt sich auf Carrolls (1963) Modell des schulischen Lernens zurückführen. Nach Carroll ist Lernen eine Funktion der Zeit, die für das Lernen aufgewendet wird, im Verhältnis zur benötigten Lernzeit. Dabei kommt es vor allem auf die sog. akademische Lernzeit an. Das ist diejenige Zeitspanne, in der Schülerinnen und Schüler aktiv, erfolgreich und produktiv in den Lernprozess eingebunden sind (Fisher et al., 1981). Die akademische Lernzeit ist tatsächlich ein starker Indikator für schulischen Erfolg (Berliner, 1981). Unter den vielen Variablen, die zu den Leistungen der Schülerinnen und Schüler beitragen, kann der akademischen Lernzeit auch deshalb besondere Bedeutung beigemessen werden, weil sie als ein Faktor des Unterrichts gilt, den Lehrkräfte steuern können.

Jez und Wassmer (2015) haben den Zusammenhang zwischen der akademischen Lernzeit und dem Academic-Performance-Index (API) ermittelt. Der API war bis 2017 ein in Kalifornien verwendetes Maß zur Schätzung der durchschnittlichen Leistung von Schülerinnen und Schülern je Schule und aggregiert standardisierte Testwerte aus unterschiedlichen

8.4 Längere Lernzeiten anbieten

Testdomänen. Er kann Werte zwischen 200 und 1000 annehmen. Bei Kontrolle unterschiedlicher Schüler- und Schulmerkmale fanden sie heraus, dass ein Zuwachs von einer Minute akademischer Lernzeit den API-Wert um 0,003 Punkte steigen ließ. Bei Annahme einer linearen Beziehung zwischen Lernzeit und API-Wert resultiert daraus, dass bereits eine zusätzliche Woche Lernzeit einen um knapp 8 Punkte höheren API-Wert nach sich zieht, ein ganzer Monat mehr Lernzeit einen um etwa 32 Punkte höheren API-Wert zur Folge hat. Ein weiteres Ergebnis ihrer Untersuchung bestand darin, dass vor allem Schülerinnen und Schüler aus sozioökonomisch benachteiligten Familien von zusätzlicher Lernzeit profitierten.

Erweiterte Lernzeiten können auch im Rahmen von außerschulischen Programmen, zum Beispiel durch Summer Schools, realisiert werden. Summer Schools sind vor allem in den USA eine häufig stattfindende Intervention, um gerade den leistungsschwachen Schülerinnen und Schülern aus Familien mit niedrigem Einkommen zusätzliche Lernzeit zu ermöglichen. Sie finden – daher der Name – in den Sommerferien statt. Summer School statt Sommerferien – der Zeitpunkt ist bewusst gewählt, liegen doch zahlreiche Befunde vor, die dokumentieren, dass gerade sozioökonomisch benachteiligte Kinder in den Sommerferien im Vergleich zu sozioökonomisch besser gestellten Kindern schulrelevante Fähigkeiten verlieren (Allington et al., 2010; Downey et al., 2004). Das hat vor allem damit zu tun, dass letzteren mehr ökonomische und intellektuelle Ressourcen zur Verfügung stehen, die sie auch in ihrer Freizeit nutzen (Alexander et al., 2001; Burkam et al., 2004). Summer Schools in den USA werden aus öffentlichen Mitteln finanziert bzw. unterstützt und haben unter anderem zum erklärten Ziel, durch Verbesserung von schulrelevanten Leistungen Klassenwiederholungen zu vermeiden (Matsudaira, 2008).

Obwohl es in Deutschland keine direkte Entsprechung zu den amerikanischen Summer Schools gibt, existieren verschiedene Fördermaßnahmen für leistungsschwache Schülerinnen und Schüler, die teilweise mit den Summer Schools in den USA vergleichbar sind. Diese Programme zielen darauf ab, Lernrückstände aufzuholen und die Bildungschancen zu verbessern. Einige Bundesländer (z. B. Baden-Württemberg) bieten während der Sommerferien spezielle Förderprogramme an, um Schülerinnen und Schüler mit Lernschwierigkeiten zu unterstützen. Diese konzentrieren sich häufig auf Kernfächer wie Deutsch, Mathematik und Englisch und sollen dazu beitragen, Wissenslücken zu schließen.

Für die Wirksamkeit von Summer Schools liegen keine Daten aus Deutschland vor. Daher muss hier auf Daten aus den USA oder anderen europäischen Ländern zurückgegriffen werden. Meta-Analysen zufolge scheinen Summer Schools durchaus wirksam zu sein. Sie helfen, die Leistungsdefizite von Schülerinnen und Schülern vor allem in Mathematik, zum Teil aber auch in sprachlichen Fächern, zu verringern (Jacob & Lefgren, 2004; Kim, 2006). Manche Meta-Analysen finden Vorteile vor allem für Schülerinnen und Schüler aus Familien mit hohem Einkommen (Monfrance et al., 2024), andere dagegen gleichermaßen positive Effekte für Teilnehmende aus Familien mit niedrigem und hohem sozioökonomischem Status (Lynch et al., 2023).

8.5 Kompetente Lehrkräfte einstellen und entwickeln

Sowohl in der öffentlichen Meinung als auch in der Wissenschaft ist weitgehend anerkannt, dass die Qualität von Lehrkräften einen entscheidenden Beitrag für das schulische Lernen und damit für die Leistungen der Schülerinnen und Schüler darstellt. Letztlich kann ein Bildungssystem nur so gut sein wie seine Lehrkräfte. Lehrkräfte können viele Defizite ausgleichen, die Schülerinnen und Schüler in Bezug auf ihre Fähigkeiten haben. Lehrkräfte, die wirksamen Unterricht durchführen, können dazu beitragen, dass Schülerinnen und Schüler mit Lerndefiziten aufholen und die meisten Lernziele im Unterricht erreichen. Klassenwiederholungen können so vermieden werden.

Doch was macht eine „gute" Lehrkraft aus? Es gibt unterschiedliche Ansätze, die Qualität einer Lehrkraft zu beschreiben. Der eine ist der Kompetenzansatz. Nach diesem wird angenommen, dass Unterrichten eine Funktion des Wissens und der Fähigkeiten von Lehrkräften ist. Wissen und Fähigkeiten lassen sich prinzipiell über Lernen aneignen. Der andere Ansatz ist der Persönlichkeitsansatz. Nach diesem Ansatz verfügen Lehrkräfte (wie alle anderen Menschen natürlich auch) über unterschiedliche Persönlichkeitsmerkmale, und diese Persönlichkeitsmerkmale erklären unterschiedlich erfolgreiches Unterrichten. Persönlichkeitsmerkmale werden hier als stabile Eigenschaften verstanden, die sich nicht oder nur geringfügig verändern lassen. Die zentrale Annahme des Persönlichkeitsansatzes ist die des „geborenen Lehrers", also die Vermutung, dass Lehrkräfte bestimmte Eigenschaften im Sinne von „Talenten" mitbringen müssen, um im Beruf erfolgreich bestehen zu können (Mayr, 2011).

Der Persönlichkeitsansatz wurde vonseiten der Wissenschaft vor allem deshalb kritisiert, weil sich Persönlichkeitseigenschaften, wenn sie als relativ stabile Dispositionen betrachtet werden, nur schwer verändern lassen (Darling-Hammond et al., 2005). Außerdem gibt es relativ wenig empirische Evidenz für die Annahme, dass die Lehrerpersönlichkeit entscheidend für den Unterricht ist (Rushton et al., 2007).

Im deutschsprachigen Raum hat sich der kompetenzbasierte Ansatz weitgehend durchgesetzt. In diesem werden vier Kompetenzaspekte unterschieden: Wissen, Überzeugungen, Motivation und Selbstregulation (Baumert & Kunter, 2006). Alle vier Aspekte können Einfluss auf die Unterrichtsqualität und damit auf die Leistungen der Schülerinnen und Schüler nehmen. Beim Wissen wird nach Shulman (1986) unterschieden zwischen Fachwissen, fachdidaktischem Wissen und allgemeinem pädagogischem Wissen. In Bezug auf das Lehrerwissen hat sich herausgestellt, dass sowohl das Fachwissen als auch das fachdidaktische Wissen die Unterrichtsqualität und damit auch die Schülerleistungen positiv beeinflussen können (Baumert et al., 2010). Allerdings scheint der Einfluss des fachdidaktischen Wissens größer zu sein als der des Fachwissens (Kunter et al., 2013). Ein hohes allgemeines pädagogisches Wissen geht mit weniger Störungen im Unterricht einher (Voss et al., 2014). Überzeugungen beziehen sich auf bewertende Annahmen von Lehrkräften über verschiedene berufliche Aspekte, sich selbst, ihre Schülerinnen und Schüler, den Lehr-Lern-Kontext oder das Bildungssystem. Dazu gehört zum

Beispiel die Überzeugung, dass Schülerinnen und Schüler etwas lernen und sie selbst (also die Lehrkraft) das Lernen fördern kann (Mojavezi & Tamiz, 2012). Insbesondere Überzeugungen bzw. Erwartungen über Schülerinnen und Schüler können sich stark auf die Interaktion zwischen Lehrkraft und Schüler auswirken. Negative Erwartungen können zu weniger Engagement aufseiten der Lehrkraft und damit zu geringen Schülerleistungen führen (Ludwig, 2010). Zur Motivation gehören intrinsische und extrinsische Orientierungen und Kausalattributionen, z. B. in Bezug auf Erfolg und Misserfolg bei Schülerinnen und Schülern. Schließlich beinhaltet Selbstregulation das Ausmaß, mit dem Lehrkräfte mit Beanspruchungen und Belastungen umgehen können.

Der Persönlichkeitsansatz und der Kompetenzansatz haben unterschiedliche Konsequenzen für die Sicherstellung der Qualität des Lehrpersonals. Aus dem Persönlichkeitsansatz ergibt sich, dass der Fokus auf der Personalauswahl liegt. Zukünftige Lehrkräfte müssen anhand vorgegebener Qualitätskriterien sorgfältig ausgewählt werden. Das betrifft letztlich bereits die Selektion von Bewerberinnen und Bewerbern für das Lehramtsstudium. Nach dem Kompetenzansatz lassen sich Merkmale von Lehrkräften verändern. Hier liegt der Fokus eher auf der Personalentwicklung, also im Bereitstellen adäquater Aus- und Fortbildungsmöglichkeiten, sowohl in der Hochschule als auch im späteren Beruf.

Viele Lehrkräfte, die heute in den Beruf einsteigen, sind nicht ausreichend vorbereitet, um den steigenden Anforderungen an den Lernerfolg der Schülerinnen und Schüler gerecht zu werden. Das betrifft möglicherweise auch sog. Quer- oder Seiteneinsteiger, also Lehrkräfte, die nicht grundständig für das Lehramt ausgebildet worden sind. Ihr Einsatz in der Schule ist vor allem deshalb immer wieder in die Kritik geraten, weil ihnen unterstellt wird, dass sie ihre berufliche Funktion nicht adäquat erfüllen können und sich dies letztlich in der Lernleistung der Schülerinnen und Schülern niederschlägt (Puderbach, 2023). Ob dies tatsächlich zutrifft, lässt sich für den deutschsprachigen Raum kaum beantworten, da die Studienlage bisher zu dünn ist. Tendenziell zeigen sich eher geringe bis keine Unterschiede in der Leistung der Schülerinnen und Schüler, die entweder von Lehrkräften mit abgeschlossenem Lehramtsstudium oder solchen ohne ein Lehramtsstudium unterrichtet wurden (Hoffmann & Richter, 2016; Richter et al., 2019).

Belastbarere Daten liegen dagegen aus den USA vor. Hier konnte in der Mehrzahl der Studien gezeigt werden, dass Schülerinnen und Schüler, die von nicht grundständig ausgebildeten Lehrkräften unterrichtet wurden, schlechtere Leistungen erbrachten als diejenigen, die von traditionell qualifizierten Lehrkräften unterrichtet wurden (Boyd et al., 2011; Darling-Hammond et al., 2005). Allerdings verringerte sich der Unterschied mit zunehmender Berufserfahrung der Lehrkräfte, sodass bereits nach drei Jahren ausgeübter Lehrtätigkeit zwischen beiden Lehrergruppen keine Differenzen mehr nachweisbar waren (Old & Sonnenburg, 2017).

8.6 Multiprofessionelle Teams etablieren

Multiprofessionelle Teams werden in Schulen eingesetzt, um den unterschiedlichen Bedürfnissen der Schülerinnen und Schüler gerecht zu werden und zum Teil auch als Reaktion auf gesetzliche Vorgaben, die den Einsatz multiprofessioneller Teams zur Unterstützung von Lehrkräften verlangen. Der Einsatz von multiprofessionellen Teams begrenzt den Einfluss einzelner Disziplinen, indem die Beteiligung verschiedener Fachkräfte erforderlich wird. Multiprofessionelle Teams können als Gruppen von Fachleuten definiert werden, die unterschiedliche Bildungs- und Fachhintergründe mitbringen und mit dem Ziel der Bildung und Erziehung von Schülerinnen und Schülern zusammenarbeiten (Widmer-Wolf, 2018).

Multiprofessionelle Teams können im Idealfall die spezifischen Probleme von Schülerinnen und Schülern besser bewerten und entsprechende empirisch fundierte Maßnahmen umsetzen als einzelne Lehrkräfte (Jimerson & Renshaw, 2012). Dieser Effekt kommt zustande, weil Ressourcen und Fachwissen durch spezialisiertes Personal für spezifische Schülerbedürfnisse bereitgestellt werden können. Insbesondere Schulpsychologinnen und Schulpsychologen können Lehrkräfte darin unterstützen, Lernbedarfe zu bewerten, Daten zu analysieren und den Unterricht entsprechend anzupassen. Theoretisch gewährleistet der Einsatz multiprofessioneller Teams, dass die Schülerinnen und Schüler und ihre Herausforderungen ganzheitlich bewertet werden und Interventionen auf der Grundlage einer Vielzahl professioneller Forschungsergebnisse vorgeschlagen werden können.

In Deutschland wird die Etablierung multiprofessioneller Teams in Schulen immer stärker eingefordert (z. B. Fraktion Bündnis 90/Die Grünen, 2023). Die Professionen, die an Schulen zusammenkommen und miteinander im Team arbeiten, lassen sich grob in drei Gruppen ordnen (Deutsche Telekom Stiftung, 2023): (1) Personen, die den Unterricht gestalten (grundständig ausgebildete Lehrkräfte, angehende Lehrkräfte sowie Seiten- und Quereinsteiger); (2) Fachkräfte, die pädagogisch, therapeutisch oder beratend tätig sind (Schulpsychologen, Sozialpädagogen, Sozialarbeiter, Inklusionsassistenten oder Lerntherapeuten); (3) Personal für Organisation und Verwaltung (Sekretariat, Hausmeister, IT-Fachkräfte und ähnliches).

Schulleitungen in Deutschland scheinen grundsätzlich offen für die multiprofessionelle Zusammenarbeit an ihren Schulen zu sein. Häufig fehlt jedoch geeignetes Personal. Das geht aus einer repräsentativen Umfrage hervor, die das Meinungsforschungsinstitut Forsa im Auftrag der Deutsche Telekom Stiftung unter gut 1000 Schulleitungen von öffentlichen allgemeinbildenden Schulen durchgeführt hat (Forsa, 2023). Danach beurteilten die Befragten das Vorhandensein unterschiedlicher Berufsbilder überwiegend positiv. Allerdings gab es der Umfrage zufolge an den meisten Schulen neben Lehrkräften höchstens fünf weitere Fachkräfte, die pädagogisch, beratend oder therapeutisch arbeiteten. Besonders verbreitet waren Sozialpädagogen und Sozialarbeiter, für Organisation und Verwaltung gab es häufig nur das klassische Sekretariat und den Hausmeister.

Alles in allem ist der multiprofessionelle Ansatz in Deutschland noch ausbaufähig. Das liegt zum einen am Mangel an kompetenten Fachkräften auf dem Arbeitsmarkt (Huber & Lusnig, 2022). Zum anderen scheint es von Schulen und Behörden keine klaren Vorgaben für die Umsetzung von multiprofessioneller Kooperation zu geben.

8.7 Außercurriculare Förderprogramme aufsetzen

▶Ein Programm, das der Förderung von Schülerinnen und Schülern dient, ist nach Slavin und Madden (1989) ein Bündel von Fördermaßnahmen, die als Gesamtpaket implementiert werden und von anderen repliziert werden können. Damit ist darauf hingewiesen, dass Programme strukturiert und standardisiert sind, was es prinzipiell leicht macht, sie durchzuführen und zu evaluieren.

Förderprogramme, die Schülerinnen und Schülern mit Leistungs- oder Lerndefiziten helfen sollen, das Klassenziel zu erreichen, gibt es zahlreiche. Einige sind evidenzbasiert, viele andere nicht. Zu den evidenzbasierten Programmen gehören unter anderem Programme zur Förderung der Lese- und Schreibfähigkeit (vgl. Jungmann, 2021), Programme zur Sprachförderung (vgl. Jungmann & Fuchs, 2021), Programme zur Konzentrations- und Aufmerksamkeitsförderung (vgl. Domsch & Lohaus, 2021), Programme zur kognitiven Förderung (vgl. Dickhäuser et al., 2021) und Programme für Kinder mit Rechenstörungen (vgl. Ricken, 2021) vor.

Diese Programme ergänzen den Lehrplan. Schülerinnen und Schüler können aufgrund von Empfehlungen durch Lehrkräfte oder auf Grundlage von Leistungsproblemen für solche Programme ausgewählt werden. Die Teilnahme an diesen Programmen kann während der Schulzeit oder danach erfolgen. Unter Berücksichtigung der individuellen Förderbedarfe, der lokalen Gegebenheiten sowie des verfügbaren Budgets haben Schulen die Möglichkeit, ein eigenes Förderkonzept zu entwickeln. Die Förderangebote können sowohl während der Unterrichtszeit und im Rahmen des Ganztags als auch außerhalb der regulären Unterrichtszeit umgesetzt werden. Außerhalb der Unterrichtszeit stattfindende Programme werden auch Nachmittagsprogramme genannt. Im Gegensatz zu außerschulischen Aktivitäten, die ebenfalls häufig nach der Schule stattfinden, wie Sport oder akademische Clubs, sind Nachmittagsprogramme umfassende Programme, die eine Vielzahl von Aktivitäten anbieten können. Dazu gehören Spielen und soziale Aktivitäten, akademische Förderung und Hausaufgabenhilfe, gemeinnützige Arbeit, Sport, Kunsthandwerk oder Musik (Halpern 2002; Vandell et al. 2005). Neben dem breiten Spektrum an Aktivitäten sind auch die Ziele und vermuteten Vorteile von Nachmittagsprogrammen vielfältig. Die Ziele reichen von der Bereitstellung von Betreuung und sicherer, verlässlicher Aufsicht für Kinder und Jugendliche in den Nachmittagsstunden bis hin zur Bewältigung zahlreicher gesellschaftlicher Probleme wie

Kriminalität, Leistungsunterschiede im Bildungsbereich, Substanzmissbrauch und anderer Verhaltens- und Bildungsprobleme, insbesondere bei Schülerinnen und Schülern aus einkommensschwachen Familien (Dynarski et al. 2004; Weisman et al. 2003; Welsh et al. 2002).

Eine Meta-Analyse von Nachmittagsprogrammen (Durlak et al. 2010) zeigte insgesamt positive und statistisch signifikante Effekte der Programme bei der Selbstwahrnehmung von Kindern, der Bindung an die Schule, positivem Sozialverhalten, der Reduktion problematischer Verhaltensweisen, Testergebnissen und Schulnoten. Die Programme waren vor allem dann wirksam, wenn sie sequenziert (Aktivitäten bauten aufeinander auf), aktiv (Teilnehmende hatten die Möglichkeit, praktisch tätig zu werden), fokussiert (die Programme richteten sich gezielt auf den Aufbau konkreter Fertigkeiten) und explizit (Programmziele wurden vorgegeben und erläutert) waren. Allerdings gibt es auch Meta-Analysen, die keine signifikanten Effekte von Nachmittagsprogrammen fanden (Kremer et al., 2014; Zief et al., 2006). Eine mögliche Ursache für diese widersprüchlichen Befunde kann in der unterschiedlichen Qualität der Einzelstudien liegen, die für die Meta-Analysen herangezogen wurden (Lauer et al., 2006).

8.8 Binnendifferenzieren im Unterricht

Differenzierung ist heute ein viel diskutiertes Thema in der Bildung. Politik und Wissenschaft legen Lehrkräften nahe, Vielfalt im Klassenzimmer zu akzeptieren und ihren Unterricht an die unterschiedlichen Lernbedürfnisse der Schülerinnen und Schüler anzupassen (Schleicher, 2019). Differenzierung ist gewissermaßen eine Lehrphilosophie, die auf der Anerkennung ihrer Unterschiede beruht und das Ziel hat, allen Schülerinnen und Schülern zu helfen, erfolgreich zu sein. Dies bedeutet, dass Lehrkräfte ihre Lehrpläne, Methoden und Materialien, Lernaktivitäten und Anforderungen für Schülerleistungen an die einzelnen Schülerinnen und Schüler anpassen, um besser auf ihre Lernbedürfnisse eingehen zu können (Tomlinson & Moon, 2013).

Wenn zum Beispiel das Ziel darin besteht, die Lücke zwischen leistungsstarken und leistungsschwachen Schülerinnen und Schüler zu verringern, können Lehrkräfte ihre Bemühungen auf die Unterstützung der leistungsschwachen Schülerinnen und Schüler konzentrieren. Das wird als konvergente Differenzierung bezeichnet. Alternativ können Lehrkräfte eine divergente Differenzierung anwenden, bei der sie ihre Bemühungen gleichmäßig auf alle Schülerinnen und Schüler verteilen und Unterschiede in Lernzielen, Lernzeiten und Lernergebnissen zulassen (Deunk et al., 2018).

Es gibt Hinweise dafür, dass individualisierter bzw. differenzierter Unterricht, der auf die spezifischen Lernbedürfnisse der Schülerinnen und Schüler abgestimmt ist, im Allgemeinen effektiver ist als globale Ansätze für die gesamte Klasse (Mulholland & O'Connor, 2016). Somit kann differenzierter Unterricht dazu beitragen, die Wahrscheinlichkeit einer Klassenwiederholung zu senken.

Für die Grundschule konnte bereits gezeigt werden, dass differenzierter Unterricht das Potenzial zur Verbesserung der Schülerleistungen hat, wenn er gut umgesetzt wird (Deunk et al., 2018). Möglicherweise lassen sich diese Ergebnisse jedoch nicht direkt auf den Sekundarbereich übertragen, da die Unterrichtsbedingungen zwischen der Primar- und der Sekundarstufe zu unterschiedlich sind (Van Casteren et al., 2017). Tatsächlich gibt es für den Sekundarbereich nur begrenzte Belege für die Vorteile differenzierten Unterrichts (Coubergs et al., 2013).

Es gehört bereits zu den Maßnahmen vieler Lehrkräfte, gefährdeten Schülerinnen und Schülern zusätzliche individualisierte Unterstützung im Klassenzimmer anzubieten. Dazu zählen vor allem kooperative Lernstrategien, Gruppenarbeit, pädagogische Unterstützung durch Assistenzkräfte sowie Einzelunterricht. Die Umsetzung in die Praxis lässt sich nach Smale-Jacobse (2019) zwei Aspekten zuordnen: pädagogische und organisatorische Aspekte. Im Hinblick auf die pädagogischen Aspekte können Lehrkräfte Inhalte anpassen, unterschiedliche Optionen im Lernprozess anbieten, unterschiedliche Bewertungsformen nutzen oder die Lernumgebung an die Bedürfnisse der Schülerinnen und Schüler anpassen (Tomlinson, 2014). Sie können auch leistungsschwachen Schülerinnen und Schülern mehr Lernzeit einräumen oder leistungsstarke Schülerinnen und Schülern ermutigen, schneller voranzukommen (Coubergs et al., 2013). Was das Organisatorische betrifft, kann differenzierter Unterricht in homogenen oder heterogenen Gruppen durchgeführt werden (Corno, 2008). Eine Differenzierung wird dadurch erreicht, dass Schülerinnen und Schüler in ihrem eigenen Tempo und auf ihrem jeweiligen Niveau arbeiten. Vier Beispiele für differenzierende Unterrichtspraktiken sollen kurz dargestellt werden.

8.8.1 Unterstützung der Autonomie

Das Bedürfnis nach Kontrolle über unser eigenes Leben wird in der Selbstbestimmungstheorie als Autonomiebedürfnis bezeichnet (Deci & Ryan, 2000). Unterrichtspraktiken, welche die Autonomie der Schülerinnen und Schüler unterstützen, können sie zu größeren Anstrengungen motivieren und zu verbesserten Lernergebnissen bringen (Reeve & Cheon, 2021). Lehrkräfte können das Bedürfnis ihrer Schülerinnen und Schüler nach Autonomie dadurch unterstützen, dass sie ihre Perspektive einnehmen und versuchen zu verstehen, was diese denken, wollen und brauchen (z. B. durch Gespräche mit den Schülerinnen und Schülern darüber, wie sie sich in Bezug auf den Unterricht, das Lernmaterial usw. fühlen). Sie können ihren Schülerinnen und Schülern auch Wahlmöglichkeiten anbieten, z. B. in Bezug auf Übungen, Hausaufgaben, Themen für eine Schreib-/Referatsaufgabe oder Abgabefristen (Vansteenkiste et al., 2019).

Es kommt jedoch auch vor, dass Schülerinnen und Schüler es in manchen Situationen (vor allem, wenn sie ungewohnt und unklar sind) vorziehen, dass Lehrkräfte Entscheidungen für sie treffen. In anderen Situationen kann es dagegen sinnvoller sein, leistungsstarken Schülerinnen und Schülern die Wahl zu lassen und ihnen so die Möglichkeit zu geben, ihr Wissen und ihre Fähigkeiten selbständig zu erweitern, während weniger leistungsstarken Schülerinnen und Schülern ein stärker geführter Ansatz angeboten wird, der ihnen Strategien zur Lösung der Aufgaben bietet, bei denen sie weniger Wahlmöglichkeiten haben. Durch eine solche Abstimmung oder Anpassung autonomiefördernder Unterrichtspraktiken an die Bedürfnisse der Schülerinnen und Schüler werden deren Möglichkeiten der Bedürfnisbefriedigung maximiert.

8.8.2 Differenzierte Aufgabenstellungen

Differenzierte Aufgabenstellungen sind eine Unterrichtsstrategie, die darauf abzielt, die unterschiedlichen Lernbedürfnisse der Schülerinnen und Schüler innerhalb einer Klasse zu befriedigen. Sie beinhaltet die Anpassung von Materialien, Arbeitsblättern und Unterrichtsaufgaben in Bezug auf Quantität (Umfang der Aufgaben und Bearbeitungszeit) oder Qualität (Komplexität der Aufgaben, Verfügbarkeit von Ressourcen, Umfang der Unterstützung) (Pozas & Schneider, 2019). Differenzierte Aufgabenstellungen stellen sicher, dass sich alle Schülerinnen und Schüler sinnvoll mit den Kerninhalten des Unterrichts beschäftigen und die gleichen wesentlichen Lernergebnisse erzielen können.

So können leistungsstarke Schülerinnen und Schüler sowohl von Aufgaben mit einem höheren Schwierigkeitsgrad (z. B. umfangreiche Lektüre oder komplexe Probleme, bei denen sie sich anstrengen müssen) als auch von zusätzlichen Aufgaben profitieren. Schülerinnen und Schüler mit Lernschwierigkeiten profitieren dagegen eher von zusätzlicher Zeit und gegebenenfalls von einer reduzierten Anzahl von Aufgaben, Aufgaben mit geringerem Schwierigkeitsgrad, der Verfügbarkeit von Hilfsmitteln (z. B. ein Computer mit Rechtschreibkorrektur, lebendiges Bildmaterial zu einem sprachlich leichteren Text), zusätzlicher Unterstützung durch Lehrkräfte oder einer Kombination dieser Faktoren.

Differenzierte Aufgabenstellungen haben nachweislich Vorteile für die Schülerinnen und Schüler (Inman & Roberts, 2022). Sie führen zu erhöhter Motivation und besserer Leistung, höherer Selbstwirksamkeit, einer Verringerung von Leistungsunterschieden und einer höheren Wertschätzung von inklusivem Unterricht.

8.8.3 Bewertung

Damit differenzierter Unterricht wirksam sein kann, müssen Lehrkräfte wissen, wo ihre Schülerinnen und Schüler stehen, welche Schwierigkeiten sie haben und was für sie gut funktioniert. Dies verkörpert die Idee der Bewertung. Unter Bewertung kann man den Prozess des Sammelns, Zusammenfassens und Interpretierens von Informationen in einem Klassenzimmer verstehen, um die Entscheidungsfindung der Lehrkraft zu unterstützen (Tomlinson & Moon, 2013). Er ähnelt dem diagnostischen Prozess eines Arztes, der seine Patienten untersucht. Bewertungen haben dann positive Auswirkungen auf die Lernleistung der Schülerinnen und Schüler, wenn ihre Ergebnisse in die Verbesserung des Unterrichts fließen (Hattie, 2023).

Für differentiellen Unterricht sind folgende Arten von Bewertung sinnvoll: Einstufungstests, formative Bewertungen und summative Bewertungen. Ein Einstufungstest ist eine Bewertung vor dem Beginn einer Einheit, eines Themas oder einer Unterrichtsstunde. Diese Art der Bewertung hilft dabei zu erfahren, welche Merkmale die Schülerinnen und Schüler aufweisen, damit Lehrkräfte sie besser unterrichten können. So können beispielsweise ihre Interessen ermittelt werden, um darauf aufzubauen und die Lernmotivation der Schülerinnen und Schüler zu fördern. Eine formative Bewertung ist eine Bewertung im Verlauf einer Einheit, eines Themas oder einer Unterrichtsstunde. Die Rolle der formativen Beurteilung im differenzierten Unterricht besteht darin, zu überprüfen, wie sich Schülerinnen und Schüler entwickeln. Eine summative Bewertung ist eine Bewertung am Ende einer Einheit, eines Kurses, eines Semesters oder einer Schule. Sie erfolgt häufig unter Zuhilfenahme von Schulnoten.

8.8.4 Gruppenarbeit

Lehrkräfte können Gruppen bilden, um das Lernen gemeinsam anzugehen, sich gegenseitig zu unterstützen und das Lernen individueller zu gestalten. Lehrkräfte können ihre Schülerinnen und Schüler auf verschiedene Weise gruppieren. Sie können Gruppen unterschiedlicher Größe (z. B. Kleingruppen, Zweiergruppen) und Zusammensetzung (ähnliches oder unterschiedliches Lernniveau, Interessen, Arbeitstempo) bilden. Sie können auch die Aufgaben variieren, die den Gruppen gestellt werden (z. B. ein Projekt, eine wissenschaftliche Untersuchung, ein konkretes, authentisches Problem oder ein realistischer Fall, mit wenigen oder vielen Aufgaben) und den Grad und die Qualität der Interaktion, die sie von ihnen erwarten. Gruppenarbeit im Sinne von kooperativen Lerngruppen kann sehr wirksam sein, sowohl im Hinblick auf die Leistung der Schülerinnen und Schüler als auch in Bezug auf ihre Motivation und Einstellung (Capar & Tarim, 2015; Nichols & Miller, 1994).

Zusammenfassend lässt sich sagen, dass Binnendifferenzierung ein zentraler Ansatz ist, um den unterschiedlichen Lernbedürfnissen und Potenzialen von Schülerinnen und Schülern gerecht zu werden. Durch die Anpassung von Aufgabenstellungen, die Unterstützung der Autonomie, die gezielte Bewertung und den Einsatz von Gruppenarbeit können Lehrkräfte individualisierte Lernwege schaffen, die sowohl leistungsstarke als auch leistungsschwächere Schülerinnen und Schüler fördern. Dennoch erfordert die Umsetzung differenzierten Unterrichts ein hohes Maß an pädagogischem Geschick, organisatorischer Planung und Reflexion. Während Studien die Wirksamkeit differenzierter Ansätze belegen, bleibt die Herausforderung, diese Erkenntnisse nachhaltig in den Unterrichtsalltag zu integrieren. Differenzierung ist somit nicht nur eine Methode, sondern ein langfristiger Prozess, der die Entwicklung einer inklusiven und lernförderlichen Unterrichtskultur unterstützt.

8.9 Mentorinnen und Mentoren einbinden

▶Mentoring bezeichnet die Betreuung und beratende Unterstützung einer Schülerin oder eines Schülers durch eine fachlich erfahrene Person – den Mentor bzw. die Mentorin. Diese teilt ihr Wissen und ihre Erfahrungen, um individuelle Lern-, Entscheidungs- und Entwicklungsprozesse der Mentees zu fördern (Rhodes, 2002).

Mentoring-Programme werden schulintern oder extern angeboten. Mentorinnen und Mentoren können Erwachsene sein (Adult-Mentoring), die durch ihre Lebens-, Berufs- oder Studienerfahrung Expertise besitzen. Es können aber auch Schülerinnen und Schüler die Aufgabe eines Mentors übernehmen (Peer-Mentoring), wenn sie auf einem bestimmten Gebiet besonders versiert sind.

Mentorinnen bzw. Mentoren und Mentees gehen für einen bestimmten Zeitraum eine vertrauensvolle, inhalts- und zielorientierte Partnerschaft ein. Die Rolle der Mentoren besteht darin, regelmäßig Gespräche mit den Mentees zu führen – sei es zu einem spezifischen Fachgebiet, das die Mentees interessiert, zu persönlichen Anliegen und Möglichkeiten oder zu den Zielen, die sich die Mentees selbst gesteckt haben (Lindt & Blair, 2017).

Schulbasierte Mentoring-Programme entstanden in den 1980er Jahren in den USA aus der Erkenntnis heraus, dass einige Kinder über den Unterricht hinaus zusätzliche Unterstützung benötigen, um in der Schule erfolgreich zu sein (Portwood & Ayers, 2005). In diesen Programmen treffen sich Mentorinnen und Mentoren nach der Schule mit den Kindern und Jugendlichen, um ihnen Aufmerksamkeit zu schenken und Nachhilfe anzubieten. Typischerweise werden Schülerinnen und Schüler von ihren Lehrkräften aufgrund von Verhaltensproblemen oder Schwierigkeiten bei der Bewältigung ihres Schulstoffs für ein Mentoring-Programm empfohlen. Obwohl der Schwerpunkt primär auf der akademischen Förderung liegt, beteiligen sich Mentorinnen bzw. Mentoren und Mentees auch an anderen Aktivitäten, die der Beziehungsbildung dienen (Merwin, 2002). Im internationalen Vergleich sind Mentoring-Programme an deutschen Schulen allerdings bislang eher selten vorhanden und empirisch – wenn überhaupt – kaum untersucht (Raufelder & Ittel, 2012).

Ein hochwertiges Mentoring-Programm ist ein außerunterrichtliches, gezieltes Instrument zur individuellen Förderung und Potenzialentfaltung von Schülerinnen und Schülern. Durch den intensiven persönlichen Austausch und durch spezifische Angebote in einem Fachbereich erweitern die Mentees im Idealfall ihr Wissen, ihre Kompetenzen und ihre

Fähigkeiten. Tatsächlich zeigen Ergebnisse verschiedener Studien positive Auswirkungen von Mentoring-Programmen (DuBois et al., 2002). Studien belegen vor allem die sozialen und emotionalen Vorteile, die Schülerinnen und Schüler durch Mentoring-Programme erhalten, insbesondere jene, die ein Risiko haben, die Schule nicht abzuschließen (Komosa-Hawkins, 2012). Das betrifft zum Beispiel Verbesserungen in der Verbundenheit mit der Schule (Portwood et al., 2005) und der Familie (King et al., 2002). Hinsichtlich der Effekte auf die schulischen Leistungen der Mentees ist die Befundlage eher gemischt (Randolph & Johnson, 2008). Studien fanden sowohl positive Effekte (Lampley & Johnson, 2010) wie auch das Ausbleiben von Effekten (Portwood et al., 2005; Slicker & Palmer, 1993).

In jedem Fall scheint die Beziehung zwischen Mentorinnen/Mentoren und Mentees ausschlaggebend für den Erfolg des Mentoring-Programms zu sein (DuBois et al., 2002). Eine positive Beziehung kann erleichtert werden, wenn beide gemeinsame demografische Merkmale und gemeinsame Interessen aufweisen (Dondero, 1997). Die Art der Aktivitäten, an denen Mentorinnen/Mentoren und Mentees teilnehmen, scheint ebenfalls die Ergebnisse des Mentorings zu beeinflussen. Aktivitäten, die die Entwicklung von emotionaler und sozialer Unterstützung in der Beziehung fördern, haben einen größeren Einfluss auf Mentees als Aktivitäten, die nur informationsorientiert sind (Taylor & Dryfoos, 1999).

8.10 Jahrgangsübergreifendes Lernen implementieren

▶Das jahrgangsübergreifende Lernen ist das gemeinsame Lernen von Schülerinnen und Schülern unterschiedlicher Jahrgangsstufen in einer Lerngruppe oder Klasse. Es ist gewissermaßen der Gegenentwurf zur Jahrgangsklasse, die ja die Voraussetzung für Klassenwiederholungen darstellt. Jahrgangsübergreifendes Lernen verhindert somit effektiv Klassenwiederholungen für die Schuljahre, in denen sie durchgeführt wird.

Beim jahrgangsübergreifenden Lernen sollen Kinder unterschiedlichen Alters gemeinsam lernen, im Gegensatz zum jahrgangshomogenen Lernen. Dies führt zu einer größeren Altersheterogenität innerhalb der Gruppe, was – dem Anspruch nach – die Lehrkräfte dazu anregen soll, den Lernprozess stärker zu individualisieren. Ziel ist, ein Lernumfeld zu schaffen, in dem die Kinder entsprechend ihren unterschiedlichen Lernständen passende Peers finden, die sie in ihrer weiteren Entwicklung unterstützen können (Thoren et al., 2019). Die gesteigerte Heterogenität der schulischen Fähigkeiten der Kinder erfordert von der Lehrkraft, ihre professionellen Kompetenzen an diese neue Situation anzupassen. Dies betrifft sowohl die Unterrichtsgestaltung und -planung als auch die Beobachtung und Diagnose der individuellen Lernvoraussetzungen. Darüber hinaus ist es notwendig, die Kinder und deren Eltern hinsichtlich der veränderten Didaktik und Leistungsbewertung zu beraten (Carle & Metzen, 2014).

Der Anstoß für das jahrgangsübergreifende Lernen kam in den 1950er-Jahren aus den USA. Ziel war es, die starren Jahrgangsklassen aufzulösen, die Heterogenität in den Lerngruppen zu erhöhen und dadurch sowohl Lehrkräfte als auch Kinder von festen Leistungserwartungen basierend auf dem Alter zu befreien (Goodland & Anderson, 1987). Der pädagogische Vorteil wurde darin gesehen, dass in jahrgangsgemischten Gruppen die Vielfalt der Kinder stärker in den Fokus rückt. Dies sollte es den Kindern ermöglichen, ihre Unterschiede bewusster wahrzunehmen und ihre individuellen Lernvoraussetzungen sowie Interessen als gleichwertig zu betrachten (Carle & Metzen, 2014).

In Deutschland wurde das jahrgangsübergreifende Lernen unter dem Begriff „flexible Schuleingangsphase" 1999 in Brandenburg (zunächst nur als Schulversuch) für die Grundschule eingeführt. Weitere Bundesländer schlossen sich in den folgenden Jahren an. In der Regel betrifft das jahrgangsübergreifende Lernen die ersten beiden Klassen, bisweilen aber auch die dritten und vierten Klassen (Carle & Metzen, 2014).

Ob das jahrgangsübergreifende Lernen im Vergleich zum Lernen in altershomogenen Klassen die erhofften Vorteile für die Entwicklung der Schülerinnen und Schüler mit sich bringt, wurde mit unterschiedlichen Studien untersucht. Für die Wirkung des jahrgangsübergreifenden Lernens auf die Leistung zeigt sich ein insgesamt sehr einheitliches Bild: die Leistungen der Schülerinnen und Schüler in jahrgangsübergreifend organisierten Lerngruppen unterscheiden sich nicht bedeutsam von den Leistungen der Schülerinnen und Schüler in jahrgangshomogenen Klassen (Gutierrez & Slavin, 1992; Kucharz & Wagener, 2007; Hattie, 2023; Kuhl et al., 2013; Thoren et al., 2019). Der Forschungsstand zum Zusammenhang von jahrgangsübergreifendem Lernen und motivationalen und sozio-emotionalen Variablen ist hingegen gemischt. Für die Lernmotivation werden von Veenman (1995) sowie Thoren et al. (2019) keine Zusammenhänge festgestellt. Jedoch legen einige Studien nahe, dass jahrgangsübergreifendes Lernen einen kleinen, positiven Zusammenhang mit der sozio-emotionalen Entwicklung (Roßbach, 2010), dem psychosozialen Wohlbefinden (Hattie, 2023) sowie der Lernfreude und der Anstrengungsbereitschaft (Kuhl et al., 2013) aufweist.

8.11 Elterliches Engagement fördern

Elterliches Engagement bzw. Elternbeteiligung in der Bildung ist ein multidimensionales Konzept, das eine Vielzahl von elterlichen Praktiken und Verhaltensweisen im Zusammenhang mit der Bildung und den Lernprozessen ihrer Kinder umfasst (Schmid & Garrels, 2021). Es gibt keine einheitliche Definition dieses Begriffs, und im Laufe der Zeit sind unterschiedliche Ansätze zur Konzeptualisierung von Elternbeteiligung entstanden. Jeynes (2007) definiert sie allgemein als „elterliche Teilnahme an den Bildungsprozessen ihrer Kinder".

In der Regel wird Elternbeteiligung als ein komplexes Phänomen dargestellt, das sich in zwei Hauptbereichen abspielt: nämlich in der Schule und zu Hause (Epstein & Sanders,

8.11 Elterliches Engagement fördern

2002). Entsprechend kann zwischen zwei Dimensionen elterlicher Beteiligung unterschieden werden: der häuslichen Beteiligung (home-based involvement) und der schulischen Beteiligung (school-based involvement).

Häusliche Beteiligung umfasst die Kommunikation zwischen Eltern und Kindern über schulische Themen, das Schaffen eines lernförderlichen Umfelds zu Hause (z. B. durch den Zugang zu Bildungsressourcen wie Büchern und Zeitungen), die Bereitstellung von bildungsfördernden Aktivitäten und Erfahrungen (z. B. Besuche in Museen oder Bibliotheken) sowie die Überwachung und Unterstützung bei den Hausaufgaben (Hill & Tyson, 2009). Diese Dimension der Elternbeteiligung beinhaltet auch sozial-psychologische Unterstützung, wie die Ermutigung der Kinder, sich Bildungsherausforderungen zu stellen und diese zu überwinden, das Besprechen von Problemen und Stressoren sowie das Loben von Anstrengungen und Leistungen (Crosnoe & Ressler, 2019; Hill & Tyson, 2009).

Schulische Beteiligung umfasst die Kommunikation zwischen Eltern und Schulpersonal, Schulbesuche, die Teilnahme an der Schulverwaltung sowie die aktive Mitwirkung der Eltern an schulbasierten Aktivitäten, wie z. B. die Teilnahme an Eltern-Lehrer-Vereinigungen, oft mit dem Ziel, das Schulprogramm zu verbessern (Crosnoe & Ressler, 2019; Hill & Tyson, 2009). Wie Crosnoe und Ressler (2019) hervorheben, erfordert diese Art der Beteiligung erhebliche Ressourcen von den Eltern und kommt daher am ehesten Kindern zugute, die bereits in einer vorteilhaften Position sind. Eltern mit Migrationshintergrund können in diesem Zusammenhang besonders benachteiligt sein, da sie oft mit Herausforderungen wie Sprachbarrieren und einem Mangel an Kenntnissen über das Bildungssystem konfrontiert sind (Antony-Newman, 2019).

Die Einbindung der Eltern hat sich als hilfreich für die schulischen Leistungen und das Verhalten aller Kinder erwiesen. Allerdings brauchen es diejenigen am unteren Ende der Leistungsskala – die leistungsschwächsten Schülerinnen und Schüler – am dringendsten. Das liegt daran, dass die „Kulturen" zuhause und in der Schule für diese Kinder stark unterschiedlich sein können. Das unterscheidet sie von den Kindern aus Mittelschichtsfamilien, für die Schule in Werten, Erwartungen und Umfeld ihrem Zuhause und ihrer Familie sehr ähnlich ist (Liontos, 1992).

Wenn Kinder sozusagen „in zwei unterschiedlichen Welten" leben, ist eine mögliche Konsequenz, dass sie eher die vertraute häusliche Kultur annehmen und die fremde Schulkultur, einschließlich ihrer akademischen Komponenten und Ziele, eher ablehnen. Was können Schulen also tun, um eine tragfähige Zusammenarbeit mit den Eltern aufzubauen und diese zu bildungsengagierten Eltern werden zu lassen?

Zunächst sollten sie dafür Sorge tragen, dass eine gute bzw. bessere Kommunikation zwischen dem Zuhause und der Schule eingerichtet wird. Sie sollten darüber hinaus die kulturell geprägten familialen Interaktionsmuster stärker berücksichtigen und ihre Unterrichtsinhalte entsprechend anpassen. Dies kann helfen, dass Eltern und Lehrkräfte die jeweiligen Umgebungen und Erwartungen des anderen verstehen und lernen, wie sie sich gegenseitig im Interesse des Kindes unterstützen können, was möglicherweise eine Anpassung beider Umgebungen zur Folge hat. Beide Umgebungen können verändert oder angepasst werden: Die Schule kann „häuslicher" werden, und das Zuhause kann eine schulähnliche Komponente erhalten, sodass sich Familien- und Schulkontext ähnlicher werden.

Die Einbindung von Eltern in die Schule ist eine Möglichkeit, Schulen „häuslicher" zu gestalten. Hausaufgaben und das Lernen zu Hause hingegen sind ein Weg, die Schule ins Zuhause zu bringen. Wenn das gelingt, verändern sich sowohl das Zuhause als auch die Schule, sodass die beiden Umgebungen für die Kinder ähnlicher und vertrauter werden (Ziegler, 1987).

Die Bedeutung des Engagements der Eltern für den schulischen Erfolg der Schülerinnen und Schüler ist gut dokumentiert. Eine Zusammenarbeit zwischen Schulvertretungen und Eltern bzw. Erziehungsberechtigten kann die Lernergebnisse der Kinder verbessern. Eine systematische Übersichtsarbeit von Boonk et al. (2018) zeigte, dass häusliche Elternbeteiligung positiv mit schulischen Leistungen korreliert war. Bildungsbezogene Gespräche zwischen Eltern und Kindern, elterliche Ermutigung und Unterstützung beim Lernen sowie die Wertschätzung schulischer Erfolge und die Verstärkung des Lernens zu Hause wurden alle als positiv mit schulischen Leistungen assoziiert identifiziert.

Allerdings kann die mit den Schuljahren zunehmende Komplexität des Lehrplans es für Eltern erschweren, sich aktiv an der Schulbildung ihrer Kinder zu beteiligen (Hill & Taylor, 2004). Ebenso kann diese Form der elterlichen Beteiligung, wenn sich Kinder zu jungen Erwachsenen entwickeln, weniger effektiv werden, sodass subtilere Formen der elterlichen Unterstützung erforderlich sind (Jeynes, 2014). Darüber hinaus zeigt die Forschung, dass die Wirkung elterlicher Beteiligung an Hausaufgabenaktivitäten uneinheitlich ist. In einigen Studien war die Hilfe bei den Hausaufgaben sogar negativ mit den schulischen Leistungen der Schülerinnen korreliert (Barger et al., 2019; Hill & Tyson, 2009). Wie Barger et al. aufzeigen, stellten Schülerinnen und Schüler mit schulischen Schwierigkeiten die Mehrheit der Kinder dar, die elterliche Unterstützung bei den Hausaufgaben erbaten. Die Beteiligung an den Hausaufgaben spiegelte somit häufig den Unterstützungsbedarf der Kinder wider, was eine Erklärung für den berichteten negativen Zusammenhang darstellt.

Eine Literaturübersicht zu Schulabschlüssen zeigt, dass Kinder von Eltern, die sich in Schulorganisationen engagieren, an Konferenzen teilnehmen und mit Lehrkräften kommunizieren, mit höherer Wahrscheinlichkeit die Sekundarstufe II abschließen (Zaff et al., 2017). Zaff et al. schlagen daher vor, dass Schulen sich verstärkt bemühen sollten, Eltern in die Schule einzubinden, beispielsweise durch die Schulung von Lehrkräften im Aufbau von Beziehungen und der Stärkung der Kommunikation mit Eltern. Besonders wichtig ist eine inklusive elterliche Beteiligung, die keine defizitorientierte Sichtweise auf Eltern mit Migrationshintergrund oder niedrigerem sozioökonomischem Status reproduziert. Dies könnte eine effektive Zusammenarbeit zwischen Schule und Elternhaus fördern (Antony-Newman, 2019).

8.12 Die Überzeugungen der Lehrkräfte ändern

Unterschiede in den Häufigkeiten von Klassenwiederholungen zwischen Ländern, Schulen und Klassen werden von Forschenden zum Teil zurückgeführt auf Variationen in den Überzeugungen und Einstellungen der Lehrkräfte über die Wirksamkeit von Klassenwiederholungen (Goos et al., 2013).

▶Überzeugungen werden allgemein als Auffassungen und Annahmen definiert, die als wahr angesehen werden (Santos et al., 2023). Überzeugungen beinhalten kognitive, evaluative und emotionale Komponenten (Van den Berg, 2002), hängen sowohl von persönlichen als auch sozialen Erfahrungen ab und haben einen erheblichen Einfluss auf das Verhalten. Lehrkräfte hegen gleichzeitig viele Überzeugungen, etwa über die Eigenschaften ihrer Schüler (z. B. Motivation, Intelligenz), ihre eigene Leistung im Beruf (z. B. Selbstwirksamkeit, Selbstkonzept), das Fachgebiet sowie moralische und gesellschaftliche Themen, die ihren Unterricht beeinflussen (z. B. Politik, Armut; Fives & Gill, 2015).

Hinsichtlich der Klassenwiederholung haben Studien gezeigt, dass nicht wenige Lehrkräfte an deren Wirksamkeit als Förderstrategie für leistungsschwache Schüler glauben (Crahay et al., 2013; Juchtmans et al., 2012; Santos et al., 2023). Da Lehrkräfte Versetzungsentscheidungen treffen, könnten diese Überzeugungen relevant sein, um Unterschiede in der Häufigkeit von Klassenwiederholungen zu erklären (Ehmke et al., 2017).

Wir wissen beispielsweise, dass Lehrkräfte mit weniger Wissen über die Auswirkungen von Klassenwiederholung dieser Praxis gegenüber positiver eingestellt sind (Barrett-Tatum et al., 2019; Crahay et al., 2013), ebenso wie Lehrkräfte mit geringerer Qualifikation, solche, die in den unteren Klassenstufen unterrichten, weniger Erfahrung haben und stärker an das transmissive (Frontalunterricht) statt an das konstruktivistische Lehr-Lern-Modell (Gruppenarbeit) glauben (Santos et al., 2023). Darüber hinaus scheint der Kontext, in dem Lehrkräfte arbeiten, wichtig zu sein. Es gibt Hinweise darauf, dass die Überzeugungen der Lehrkräfte zur Klassenwiederholung auch von den Überzeugungen ihrer Kolleginnen und Kollegen (Santos et al., 2023) abhängen.

Auch in Diskussionen über die professionelle Kompetenz von Lehrkräften wird den Überzeugungen und Werten eine große Bedeutung beigemessen (Baumert & Kunter, 2006), da diese eine entscheidende Rolle dabei spielen können, wie eine Lehrkraft im Unterricht arbeitet (z. B. Schoenfeld, 1998). Lehrkräfte, welche Klassenwiederholungen befürworten, unterstützen in der Regel schwächere Schüler in ihrer Klasse seltener durch differenzierte Unterrichtsgestaltung. Sie bieten weniger individuelle Förderung für ihre Schülerinnen und Schüler an. Darüber hinaus ist ihr Feedback zur Leistung, das für den Fortschritt der Schülerinnen und Schüler entscheidend ist, weniger differenziert. Gleichzeitig stellen sie höhere Anforderungen an die Fähigkeiten ihrer Schülerinnen und Schüler, da sie davon ausgehen, dass diese bereit sind, große Anstrengungen zu unternehmen (König et al., 2012).

Am Ende der Schulzeit hat jede Absolventin und jeder Absolvent eine Meinung dazu, was „guten" Unterricht ausmacht, wie erfolgreiche Lehr- und Lernprozesse initiiert werden und wie Lehrkräfte am effektivsten arbeiten können. Diese Überzeugungen basieren auf den vielen Jahren direkter Erfahrung als Schülerin oder Schüler in der Schule. Zukünftige Lehrkräfte beginnen ihr Studium entsprechend daher oft mit sehr klaren Vorstellungen und tief verwurzelten Überzeugungen in Bezug auf effektives Lehren und Lernen. Dabei sind sie eher an Methoden und Strategien interessiert, die sich als nützlich für die Umsetzung ihrer berufsspezifischen Überzeugungen erweisen, und weniger an theoretischem Wissen (Biedermann et al., 2012). Aus diesem Grund können insbesondere die durch kumulative Schulerfahrungen gewonnenen allgemeinen Überzeugungen die professionelle Entwicklung beeinflussen.

Ein entscheidender Punkt für die Entwicklung und Veränderung von Überzeugungen scheint die Reflexion des eigenen Denkens, Handelns und der eigenen Überzeugungen zu sein. Reflexion meint dabei, dass verschiedene Informationen aus unterschiedlichen Kontexten zu einem bestimmten berufsbezogenen Thema (z. B. Klassenwiederholungen) miteinander verglichen werden (Taibi, 2012). In diesem Zusammenhang kann von einem reflexiven Lernprozess gesprochen werden, der bereits im Verlauf der Lehrerausbildung stattfinden sollte. Brockbank et al. (2002) definieren reflexives Lernen als „einen Prozess, der einen Dialog mit anderen zur Verbesserung oder Transformation umfasst und dabei den emotionalen, sozialen und politischen Kontext des Lernenden berücksichtigt" (S. 3). Die Lehrerausbildung an Universitäten kann das Konzept des reflexiven Lernens nutzen, indem sie die Erfahrungskontexte der Lehramtsstudierenden aufgreift und ihnen wissenschaftliche Unterstützung für Reflexionsprozesse bietet.

Die Ausbildung von Lehrkräften konzentriert sich oft auf den Erwerb neuen Wissens. Im Falle eines Lernens, das in erster Linie bestehendes Wissen erweitern soll, wird jedoch häufig die Tatsache ignoriert, dass ein Großteil des Wissens von Lehrkräften von Überzeugungen geprägt ist. Gefordert wäre zunächst ein Hinterfragen von Überzeugungen, welche die Prozesse des Wissenserwerbs und der Wissensrestrukturierung leiten.

Tatsächlich hat sich gezeigt, dass das Ausmaß, in dem eine Lehrkraft neue Informationen akzeptiert, d. h. ein Konzeptwechsel stattfindet, weitgehend von der Übereinstimmung zwischen bereits bestehenden Überzeugungen der Lehrkraft und den in der Ausbildung geäußerten Überzeugungen bestimmt wird (Tillema, 1995). Daraus ergibt sich, dass bei geringer oder fehlender Übereinstimmung zwischen den Überzeugungen der Lehrkraft und dem Ausbildungsinhalt wenig Akzeptanz seitens der Lehrkraft für die neuen Informationen zu erwarten ist. Informationen werden dann eher als irrelevant, unplausibel, unpraktikabel, wenig vielversprechend oder unverständlich abgetan (Strike & Posner, 1992). Alternativ können Ausbilder jedoch auch gezielt Dissonanzen schaffen, um Veränderungen von Überzeugungen anzuregen (Gleeson & Davison, 2016).

Grundsätzlich existieren zwei modellhafte Vorstellungen darüber, wie Überzeugungen von Lehrkräften verändert werden und damit zu einer Anpassung der Unterrichtspraxis führen können (Sansom, 2019). Lineare Modelle gehen davon aus, dass Fortbildungen von Lehrkräften deren Überzeugungen verändern können, was wiederum zu einer Veränderung der Unterrichtspraxis führen kann (Ertmer et al., 2012). Zyklische oder interaktive Modelle nehmen dagegen an, dass der Veränderungsprozess bidirektional ist: Veränderungen können sowohl von der Praxis zu den Überzeugungen als auch umgekehrt erfolgen. Zyklische Modelle berücksichtigen die situativen und interaktiven Lernerfahrungen von Lehrkräften (Rubie-Davies et al., 2012) und schließen auch die Möglichkeit ein, dass keine Veränderung eintritt (Sedova, 2017).

Eine Alternative zu klassischen Lehrerfortbildungen sind Ansätze, in denen die beteiligten Lehrkräfte nicht als passive Konsumenten betrachtet werden, sondern als aktiv und kooperativ Lernende (Tam, 2015). Dieser Ansatz wird im Rahmen von sogenannten Professionellen Lerngemeinschaften (Professional Learning Communities) realisiert. Professionelle Lerngemeinschaften stellen gewissermaßen einen Paradigmenwechsel dar – weg von der traditionellen, durch externe Experten überwachten Lehrerfortbildung hin zu einem lebenslangen professionellen Lernen am Arbeitsplatz, bei dem Lehrkräfte ihr Fachwissen innerhalb einer Gemeinschaft teilen (Stoll et al., 2006).

Mehrere Merkmale charakterisieren professionelle Lerngemeinschaften. Dazu gehören der reflexive Dialog, d. h., Lehrkräfte tauschen sich über spezifische Bildungsfragen aus; Feedback zum Unterricht, d. h., Lehrkräfte besuchen gegenseitig ihre Klassen, um sich Rückmeldungen zu geben und zu erhalten; und der kollektive Fokus, d. h., Lehrkräfte engagieren sich gemeinsam für den Lernerfolg der Schülerinnen und Schüler (Kruse et al., 1995).

Studien haben gezeigt, dass professionelle Lerngemeinschaften eine wirkungsvolle Lernumgebung darstellen, in der Lehrkräfte ihre Überzeugungen über Lehren und Lernen verändern können (Philips, 2003) und dadurch Veränderungen im Unterricht die Folge sein können (Boyle et al., 2004; Meirink et al., 2009; Turner et al., 2011).

8.13 Zusammenfassung und Implikationen

Klassenwiederholungen sind eine gängige Maßnahme, um Schülerinnen und Schüler mit Lernrückständen eine zweite Chance zu geben. Allerdings gibt es zahlreiche Alternativen, die besser geeignet sind, auf ihre individuellen Bedürfnisse eingehen. Frühzeitige Interventionen, verlängerte Lernzeiten und gezielte Förderung durch kompetente Lehrkräfte können helfen, schulisches Scheitern zu verhindern. Datengestützte Diagnosen und die Bewertung anhand klarer Standards ermöglichen eine bessere Anpassung der Förderung. Außercurriculare Programme, Mentoring und jahrgangsübergreifendes Lernen bieten weitere Ansätze, um individuelle Lernprozesse zu unterstützen.

Besonders wichtig ist zudem das Engagement der Eltern und eine differenzierte Unterrichtsgestaltung. Professionelle Lerngemeinschaften und multiprofessionelle Teams können dazu beitragen, Lehrkräfte in ihrem pädagogischen Handeln zu stärken und Überzeugungen kritisch zu reflektieren. Die Forschung zeigt, dass differenzierte und gezielte Maßnahmen effektiver sind als Klassenwiederholungen.

Die Umsetzung dieser Alternativen erfordert eine gezielte Ressourcensteuerung und die Bereitschaft von Schulen, neue Wege zu gehen. Bildungspolitische Rahmenbedingungen sollten so gestaltet werden, dass individualisierte Fördermaßnahmen stärker in den Schulalltag integriert werden können.

9　Ausblick: Zukünftige Forschung und Schulpraxis zur Klassenwiederholung

> **Zusammenfassung**
>
> Zukünftige Forschung zur Klassenwiederholung sollte verstärkt langfristige Effekte auf Lebensverläufe, psychische Gesundheit und soziale Integration untersuchen sowie gezielte Fördermaßnahmen evaluieren, insbesondere im Hinblick auf unterschiedliche Schülergruppen (sozioökonomischer Hintergrund, Migration, Geschlecht). Für die Schulpraxis sind Alternativen wie Binnendifferenzierung, individuelle Lernpläne und digitale Lernplattformen vielversprechend. Lehrkräfte sollten durch Fortbildungen besser vorbereitet, Schulen durch politische Rahmenbedingungen und Fördermittel unterstützt werden. Ziel ist ein inklusives Bildungssystem, das Chancengleichheit gewährleistet. Dafür ist die enge Zusammenarbeit zwischen Forschung, Praxis und Bildungspolitik entscheidend, um evidenzbasierte, nachhaltige Lösungen zu entwickeln.

Klassenwiederholungen sind ein viel diskutiertes Thema in der Bildungspolitik und -praxis. Während bisherige Studien zahlreiche Einsichten in ihre Auswirkungen und Alternativen geliefert haben, gibt es immer noch offene Fragen und Herausforderungen, die zukünftige Forschung und Schulpraxis adressieren sollten.

9.1　Forschungsperspektiven

Eine wichtige Forschungsfrage betrifft die langfristigen Auswirkungen von Klassenwiederholungen. Während viele Studien kurzfristige Effekte wie die Verbesserung von schulischen Leistungen oder das Selbstkonzept untersuchen, fehlt es an belastbaren

Erkenntnissen darüber, wie sich Wiederholungen auf den späteren Lebensverlauf auswirken – etwa in Bezug auf beruflichen Erfolg, psychische Gesundheit oder soziale Integration. Hier könnten Längsschnittstudien helfen, ein umfassenderes Bild zu zeichnen.

Zudem besteht Forschungsbedarf hinsichtlich der Wirksamkeit spezifischer Fördermaßnahmen, die begleitend zu Klassenwiederholungen eingesetzt werden. Beispielsweise könnte untersucht werden, welche Art von Unterstützung – etwa in Form von gezieltem Nachhilfeunterricht, sozialpädagogischer Betreuung oder adaptiven Lernumgebungen – den größten Nutzen für die betroffenen Schülerinnen und Schüler bringt.

Ein weiterer Forschungsbereich liegt in der Differenzierung der Zielgruppen. Klassenwiederholungen wirken sich nicht auf alle Schülerinnen und Schüler gleichermaßen aus. Künftige Studien sollten daher stärker zwischen verschiedenen Schülergruppen unterscheiden, etwa basierend auf ihrem sozioökonomischem Hintergrund, Migrationsstatus oder Geschlecht. Ein besseres Verständnis dieser Unterschiede könnte dazu beitragen, gezieltere und gerechtere Maßnahmen zu entwickeln.

9.2 Innovationen in der Schulpraxis

Für die Schulpraxis gilt es, evidenzbasierte Alternativen zur Klassenwiederholung weiter zu entwickeln und zu implementieren. Ansätze wie Binnendifferenzierung, individuelle Lernpläne und intensive Förderprogramme haben das Potenzial, schulischen Misserfolg präventiv zu vermeiden und die Notwendigkeit von Wiederholungen zu minimieren. Erfolgreiche Praxisbeispiele aus Ländern mit niedrigen Wiederholerquoten, wie etwa in Skandinavien, könnten hier als Orientierung dienen.

Ein vielversprechender Ansatz ist der verstärkte Einsatz digitaler Technologien, um individualisiertes Lernen zu fördern. Adaptive Lernplattformen, die auf die Bedürfnisse der Schülerinnen und Schüler zugeschnitten sind, können dazu beitragen, Lernlücken frühzeitig zu erkennen und gezielt zu schließen. Solche Technologien sollten jedoch nicht isoliert eingesetzt, sondern in ein ganzheitliches pädagogisches Konzept eingebettet werden.

Auch die Fortbildung von Lehrkräften spielt eine zentrale Rolle. Lehrerinnen und Lehrer benötigen nicht nur Fachwissen über alternative Fördermaßnahmen, sondern auch praktische Werkzeuge und Strategien, um diese effektiv in ihren Unterricht zu integrieren. Hier könnten modulare Weiterbildungsprogramme und Praxisnetzwerke helfen, einen Austausch von Best Practices zu fördern.

9.3 Bildungspolitische Rahmenbedingungen

Auf politischer Ebene sollte darüber nachgedacht werden, wie die Anreize und Rahmenbedingungen für Schulen gestaltet werden können, um Klassenwiederholungen zu vermeiden. Finanzielle Mittel könnten gezielt für Präventionsprogramme und innovative Lehr-Lern-Ansätze bereitgestellt werden. Gleichzeitig sollten Regularien dahingehend überprüft werden, ob sie alternative Fördermaßnahmen ausreichend unterstützen.

Darüber hinaus könnte eine stärkere Zusammenarbeit zwischen Schulen, Eltern und außerschulischen Partnern dazu beitragen, ein unterstützendes Umfeld für gefährdete Schülerinnen und Schüler zu schaffen. Sozialarbeiter, Schulpsychologen und andere Fachkräfte könnten stärker in schulische Fördermaßnahmen eingebunden werden, um eine ganzheitliche Unterstützung zu gewährleisten.

9.4 Ein inklusives Bildungssystem als Ziel

Langfristig sollte die Praxis der Klassenwiederholung im Rahmen eines inklusiven Bildungssystems überdacht werden. Ein solches System würde sicherstellen, dass alle Schülerinnen und Schüler unabhängig von ihren individuellen Voraussetzungen die gleichen Chancen auf Bildungserfolg haben. Dies erfordert nicht nur strukturelle Reformen, sondern auch einen kulturellen Wandel hin zu einer stärkeren Wertschätzung von Vielfalt und Individualität im schulischen Kontext. Die zukünftige Auseinandersetzung mit Klassenwiederholungen sollte darauf abzielen, ein Gleichgewicht zwischen individueller Förderung und systemischer Gerechtigkeit herzustellen. Forschung und Praxis müssen Hand in Hand gehen, um evidenzbasierte, nachhaltige Lösungen zu entwickeln, die sowohl den Bedürfnissen der Schülerinnen und Schüler als auch den Anforderungen des Bildungssystems gerecht werden.

Literatur

Agasisti, T., & Cordero, J. M. (2017). The determinants of repetition rates in Europe: Early skills or subsequent parents' help? *Journal of Policy Modeling, 39,* 129–146. https://doi.org/10.1016/j.jpolmod.2016.07.002.

Alexander, K. L., Entwisle, D. R., & Dauber, S. L. (2003). *On the success of failure: A reassessment of the effects of retention in the primary grades* (2. Aufl.). Cambridge University Press.

Alexander, K. L., Entwisle, D. R., & Olson, L. S. (2001). Schools, achievement, and inequality: Seasonal perspective. *Educational Evaluation and Policy Analysis, 23*(2), 171–191. https://doi.org/10.3102/01623737023002171.

Allington, R. L., McGill-Franzen, A., Camilli, G., Williams, L., Graff, J., Zeig, J., Zmach, C., & Nowak, R. (2010). Addressing summer reading setback among economically disadvantaged elementary students. *Reading Psychology, 31*(5), 411–427.

Altrichter, H. (2010). Schul- und Unterrichtsentwicklung durch Datenrückmeldung. In H. Altrichter & K. Maag Merki (Hrsg.), *Handbuch Neue Steuerung im Schulsystem* (Educational governance, Bd. 7 (S. 219–254). VS Verlag für Sozialwissenschaften. https://doi.org/10.1007/978-3-531-92245-4.

Altrichter, H., & Kanape-Willingshofer, A. (2012). Bildungsstandards und externe Überprüfung von Schülerkompetenzen: Mögliche Beiträge externer Messungen zur Erreichung der Qualitätsziele der Schule. In B. Herzog-Punzenberger (Hrsg.), *Nationaler Bildungsbericht Österreich 2012, Bd. 2: Fokussierte Analysen bildungspolitischer Schwerpunktthemen* (S. 355–394). Laykam. https://doi.org/10.17888/nbb2012-2.

Anderson, G. E., Jimerson, S. R., & Whipple, A. D. (2005). Student ratings of stressful experiences at home and school. *Journal of Applied School Psychology, 21*(1), 1–20. https://doi.org/10.1300/J370v21n01_01.

Anderson, G. E., Whipple, A. D. & Jimerson, S. R. (2002). *Grade Retention: Achievement and Mental Health Outcomes.* http://www.nasponline.org/pdf/graderetention.pdf. Zugegriffen: 22 März 2006.

Antony-Newman, M. (2019). Parental involvement of immigrant parents: A meta-synthesis. *Educational Review, 71*(3), 362–381. https://doi.org/10.1080/00131911.2017.1423278.

Ardoin, S. P., Christ, T. J., Morena, L. S., Cormier, D. C., & Klingbeil, D. A. (2013). A systematic review and summarization of the recommendations and research surrounding curriculum-based measurement of oral reading fluency (CBM-R) decision rules. *Journal of School Psychology, 51,* 1–18.

Arnold, K.-H., & Vollstädt, W. (2001). Arbeits- und Sozialverhalten in der Schule. Möglichkeiten und Grenzen ihrer Beurteilung durch „Kopfnoten". *Die Deutsche Schule, 93*(2), 199–209. https://doi.org/10.25656/01:27551.

Asberger, J., Thomm, E., & Bauer, J. (2020). Empirische Arbeit: Zur Erfassung fragwürdiger Überzeugungen zu Bildungsthemen: Entwicklung und erste Überprüfung des Questionable Beliefs in Education-Inventars (QUEBEC). *Psychologie in Erziehung und Unterricht, 67*(3), 178–193.

Asberger, J., Thomm, E., & Bauer, J. (2021). On predictors of misconceptions about educational topics: A case of topic specificity. *PLoS ONE, 16*(12), Article e0259878. https://doi.org/10.1371/journal.pone.0259878.

Autorengruppe Bildungsberichterstattung. (2018). *Bildung in Deutschland 2018. Ein indikatorengestützter Bericht mit einer Analyse zu Wirkungen und Erträgen von Bildung.* Bielefeld: Wbv Media.

Autor:innengruppe Bildungsberichterstattung. (2024). *Bildung in Deutschland 2024. Ein indikatorengestützter Bericht mit einer Analyse zu beruflicher Bildung.* Bielefeld: Wbv Media.

Balow, I. H., & Schwager, M. (1990). *Retention in grade: A failed procedure. A report presented to members of the California Educational Research Cooperative.* University of California.

Barger, M. M., Kim, E. M., Kuncel, N. R., & Pomerantz, E. M. (2019). The relation between parents' involvement in children's schooling and children's adjustment: A meta-analysis. *Psychological Bulletin, 145*(9), 855–890.

Barrett-Tatum, J., Ashworth, K., & Scales, D. (2019). Gateway literacy retention policies: Perspectives and implications from the field. *International Journal of Education Policy and Leadership, 15*(10). http://journals.sfu.ca/ijepl/index.php/ijepl/article/view/845 https://doi.org/10.22230/ijepl.2019v15n10a845.

Baumert, J., & Kunter, M. (2006). Stichwort: Professionelle Kompetenz von Lehrkräften. *Zeitschrift für Erziehungswissenschaft, 9*(4), 469–520. https://doi.org/10.1007/s11618-006-0165-2.

Baumert, J., Kunter, M., Blum, W., Brunner, M., Voss, T., Jordan, A., Klusmann, U., Krauss, S., Neubrand, M., & Tsai, Y.-M. (2010). Teachers' mathematical knowledge, cognitive activation in the classroom, and student progress. *American Educational Research Journal, 47*, 133–180. https://doi.org/10.3102/0002831209345157.

Baumert, J., Trautwein, U., & Artelt, C. (2003). Schulumwelten: Institutionelle Bedingungen des Lehrens und Lernens. In J. Baumert, C. Artelt, E. Klieme, M. Neubrand, M. Prenzel, U. Schiefele, W. Schneider, K.-J. Tillmann & K.-J. Weiß (Hrsg.), *PISA 2000: Ein differenzierter Blick auf die Länder der Bundesrepublik Deutschland* (S. 259–330). Leske + Budrich.

Bellenberg, G. (1999). *Individuelle Schullaufbahnen. Eine empirische Untersuchung über Bildungsverläufe von der Einschulung bis zum Abschluss.* Juventa.

Bellenberg, G. (2020). Individuelle Bildungswege durch Auf-, Abstieg, Um- und Ausstiege im Schulsystem. Eine strukturelle und empirische Bestandsaufnahme. In S. Thiersch, M. Silkenbeumer & J. Labede (Hrsg.), *Individualisierte Übergänge* (S. 19–34). Springer VS. https://doi.org/10.1007/978-3-658-23167-5_2

Bellenberg, G. & Forell, M. (2012). Schulformwechsel in Deutschland. *Durchlässigkeit und Selektion in den 16 Schulsystemen der Bundesländer innerhalb der Sekundarstufe I.* Gütersloh: Bertelsmann Stiftung.

Beneke, E. F., & Dreßler, J. G. (1876). *Erziehungs- und Unterrichtslehre. Zweiter Band: Unterrichtslehre.* Mittler.

Berliner, D. C. (1981). Academic learning time and reading achievement. *Comprehension and Teaching: Research Reviews*, 203–226.

Beyte, C. D. (2024). *Gibt es einen Einfluss der Einstellung zur Klassenwiederholung und des Mindsets von Lehrkräften und Lehramtsstudierenden auf Versetzungsentscheidungen?* Unveröffentlichte Bachelorarbeit. Medical School Berlin.

Biedermann, H., Brühwiler, C., & Steinmann, S. (2012). Making the impossible possible? Establishing beliefs about teaching and learning during teacher training courses. In J. König (Hrsg.),

Teachers' pedagogical beliefs. Definition and operationalisation – connections to knowledge and performance – development and change. (S. 37–52). Waxmann.

bildungsklick (14. April 2008). DPhV-Vorsitzender Meidinger kritisiert Hamburger und Berliner Schulpläne heftig als Abkehr vom Leistungsprinzip und Rückfall hinter PISA. *bildungsklick.* https://bildungsklick.de/schule/detail/dphv-vorsitzender-meidinger-kritisiert-hamburger-und-berliner-schulplaene-heftig-als-abkehr-vom-leistungsprinzip-und-rueckfall-hinter-pisa.

bildungsklick. (19. März 2014). Auf dem Prüfstand. Braucht die moderne Schule Zensuren, Klassenwiederholungen und Hausaufgaben? Hausaufgaben und Sitzenbleiben – zwei erzieherische und organisatorische Grundpfeiler der Schulen stehen seit einiger Zeit auf dem Prüfstand. Eine sinnvolle Entwicklung? Im Pro & Contra dazu der Vorsitzende des Bundeselternrates Hans-Peter Vogeler und der Vorsitzende des Deutschen Philologenverbandes, Heinz-Peter Meidinger. *bildungsklick.* https://bildungsklick.de/schule/detail/braucht-die-moderne-schule-zensuren-klassenwiederholungen-und-hausaufgaben.

Bonvin, P. (2003). The role of teacher attitudes and judgement in decision-making: The case of grade retention. *European Educational Research Journal, 2*(2), 277–294. http://journals.sagepub.com/doi/pdf/https://doi.org/10.2304/eerj.2003.2.2.6

Bonvin, P., Bless, G., & Schüpbach, M. (2008). Grade retention: Decision-making and effects on learning as well as social and emotional development. *School Effectiveness and School Improvement, 19*, 1–19. https://doi.org/10.1080/09243450701856499.

Boonk, L., Gijselaers, H. J. M., Ritzen, H., & Brand-Gruwel, S. (2018). A review of the relationship between parental involvement indicators and academic achievement. *Educational Research Review, 24*, 10–30. https://doi-org.ezproxy.oslomet.no/https://doi.org/10.1016/j.edurev.2018.02.001.

Bourdieu, P., & Passeron, J. C. (1971). *Die Illusion der Chancengleichheit.* Klett.

Boyd, D., Grossman, P. L., Ing, M., Lankford, H., & Loeb, S. (2011). The effectiveness and retention of teachers with prior career experience. *Economics of Education Review, 30*(6), 1229–1241.

Boyle, B., While, D., & Boyle, T. (2004). A longitudinal study of teacher change: What makes professional development effective? *Curriculum Journal, 15*, 45–68.

Braun, A. (18. Juli 2011). Sitzenbleiben lohnt sich nicht. *Deutschlandfunk.* https://www.deutschlandfunk.de/sitzenbleiben-lohnt-sich-nicht-100.html.

Brautzsch, J. (31. Mai 2024). Bildungsexperten wollen Sitzenbleiben abschaffen. *MDR.de.* https://www.mdr.de/nachrichten/deutschland/gesellschaft/schule-sitzenbleiben-abschaffen-oecd-direktor-alternativen-100.html.

Brockbank, A., McGill, I., & Beech, N. (2002). Reprinted: Our purpose. In A. Brockbank, I. McGill, & N. Beech (Hrsg.), *Reflective learning in practice* (S. 3). Gower Publishing Company.

Bromme, R., & Haag, L. (2004). Forschung zur Lehrerpersönlichkeit. In W. Helsper & J. Böhme (Hrsg.), *Handbuch der Schulforschung* (S. 777–793). VS Verlag.

Brewer, M. B. (1988). A dual process model of impression formation. In R. S. Wyer & T. K. Srull (Hrsg.), *Advances in social cognition* (S. 1–36). Erlbaum.

Brewer, M. B., & Lui, L. N. (1989). The primacy of age and sex in the structure of person categories. *Social Cognition, 7*, 262–274.

Bulla, T., & Gooden, J. S. (2003). Retention and social promotion: Perspectives of North Carolina elementary school principals. *ERS Spectrum, 21*(3), 19–31.

Burkam, D. T., Ready, D. D., Lee, V. E., & LoGerfo, L. F. (2004). Social-class differences in summer learning between kindergarten and first grade: Model specification and estimation. *Sociology of Education, 77*(1), 1–31.

Byrnes, D. A. (1989). Attitudes of students, parents and educators toward repeating a grade. In L. A. Shepard & M. L. Smith (Hrsg.), *Flunking grades: Research and policies on retention* (S. 108–131). The Falmer Press.

Campbell, F. A., & Ramey, C. T. (1995). Cognitive and school outcomes for high-risk African-American students at middle adolescence: Positive effects of early intervention. *American Educational Research Journal, 32*(4), 743–772.

Carl, F. (2017). *Gymnasium ohne Sitzenbleiben: Wie Lehrpersonen mit leistungsschwachen Schülerinnen und Schülern umgehen.* Springer VS.

Carle, U., & Metzen. (2014). Wie wirkt Jahrgangsübergreifendes Lernen? Internationale Literaturübersicht zum Stand der Forschung, der praktischen Expertise und der pädagogischen Theorie. Frankfurt am Main: Grundschulverband e. V.

Carroll, J. B. (1963). A model of school learning. *Teachers College Record, 64*, 723–733.

Capar, G., & Tarim, K. (2015). Efficacy of the cooperative learning method on mathematics achievement and attitude: A meta-analysis research. *Educational Sciences: Theory and Practice, 15*(2), 553–559.

Caruso, M. (2015). *Classroom struggle. Organizing elementary school teaching in the 19th century.* Peter Lang.

Caruso, M. (2021). Jahrgangsklassen – Entstehung und Durchsetzung. *Zeitschrift für Pädagogik, 67*, 155–165.

Chau, K., Baumann, M., Kabuth, B., & Chau, N. (2012). School difficulties in immigrant adolescent students and roles of socioeconomic factors, unhealthy behaviours, and physical and mental health. *BMC Public Health, 12*, 453. https://doi.org/10.1186/1471-2458-12-453.

Chen, X., Liu, C., Zhang, L., Shi, Y., & Rozelle, S. (2010). Does taking one step back get you two steps forward? Grade retention and school performance in poor areas in rural China. *International Journal of Educational Development, 30*, 544–559.

Choi, Á., Mediavilla, M., & Valbuena, J. (2018). Predictors and effects of grade repetition. *Revista de Economia Mundial, 48*, 21–42. https://doi.org/10.33776/rem.v0i48.3882.

Cosnefroy, O., Atzeni, T., & Guimard, P. (2010). Identification des élèves à risque de redoublement en début de scolarité élémentaire: Une approche exploratoire centrée sur l'évaluation des comportements scolaires [Identifying students at risk of grade retention at the start of elementary school: An exploratory approach focusing on the assessment of school behaviour]. *A.N.A.E. Approche neuropsychologique des apprentissages chez l'enfant, 109*, 307–316.

Corno, L. (2008). On teaching adaptively. *Educational Psychologist, 43*(161), 173. https://doi.org/10.1080/00461520802178466.

Coubergs, C., Struyven, K., Engels, N., Cools, W., & De Martelaer, K. (2013). *Binnenklas-Differentiatie. Leerkansen Voor Alle Leerlingen.* Uitgeverij Acco.

Crahay, M., Marbaise, C., & Issaieva, E. (2013). What is teachers' belief in the virtues of student retention founded on? *Giornale Italiano Della Ricerca Educativa, 11*, 75–94.

Crosnoe, R., & Ressler, R. W. (2019). Parenting the child in school. The Practice of ParentingIn M. H. Bornstein (Hrsg.), *Handbook of Parenting* (Bd. 5, S. 410–430). Routledge.

Darling-Hammond, L., Holtzman, D. J., Gatlin, S. J., & Heilig, J. V. (2005). Does teacher education matter? Evidence about teacher certification, teach for America, and teacher effectiveness. *Education Policy Archives, 13*, 1–32.

Dauber, S. L., Alexander, K. L., & Entwisle, D. R. (1993). Characteristics of retainees and early precursors of retention in grade: Who is held back? *Merrill-Palmer Quarterly, 39*, 326–343.

Davoudzadeh, P., McTernan, M. L., & Grimm, K. J. (2015). Early school readiness predictors of grade retention from kindergarten through eighth grade: A multilevel discrete-time survival analysis approach. *Early Childhood Research Quarterly, 32*, 183–192.

Deci, E. L., & Ryan, R. M. (2000). The „what" and „why" of goal pursuits: Human needs and the self-determination of behavior. *Psychological Inquiry, 11*(4), 227–268. https://doi.org/10.1207/S15327965PLI1104_01.

Der Lehrerfreund (20. April 2013). Josef Kraus über den Wert von Bertelsmann-Studien. *Der Lehrerfreund*. https://www.lehrerfreund.de/schule/1s/josef-kraus-bertelsmann-studien/4365.

Deunk, M. I., Smale-Jacobse, A. E., de Boer, H., Doolaard, S., & Bosker, R. J. (2018). Effective differentiation practices: A systematic review and meta-analysis of studies on the cognitive effects of differentiation practices in primary education. *Educational Research Review, 24*, 31–54.

Deutscher Philologenverband. (21. Juli 2006). Das Wiederholen eines Schuljahres bietet auch Chancen! / Meidinger: „Sitzenbleiben ist keine Strafmaßnahme, Wiederholer erreichen im Durchschnitt höhere Abschlüsse!". *Pressemitteilung*. https://www.verbaende.com/news/pressemitteilung/das-wiederholen-eines-schuljahres-bietet-auch-chancen-meidinger-sitzenbleiben-ist-keine-strafmassnahme-wiederholer-erreichen-im-durchschnitt-hoehere-abschluesse-39871/.

Deutsche Telekom Stiftung. (2023). *Berufsbilder in der Schule. Eine repräsentative Umfrage unter Schulleitungen. Zusammenfassung Juni 2023*. https://www.telekom-stiftung.de/sites/default/files/files/umfrage-multiprofessionalitaet_zusammenfassung.pdf.

Dickhäuser, C., Buch, S. R., & Sparfeldt, J. R. (2021). Kognitive Förderung. In A. Lohaus & H. Domsch (Hrsg.), Psychologische Förder- und Interventionsprogramme für das Kindes- und Jugendalter. Psychotherapie: Praxis (S. 101–114). Springer. https://doi.org/10.1007/978-3-662-61160-9_7.

Domsch, H., & Lohaus, A. (2021). Konzentrations- und Aufmerksamkeitsförderung. In A. Lohaus & H. Domsch (Hrsg.), Psychologische Förder- und Interventionsprogramme für das Kindes- und Jugendalter. Psychotherapie: Praxis (S. 115–132). Springer. https://doi.org/10.1007/978-3-662-61160-9_8.

Dondero, G. M. (1997). Mentors: Beacons of hope. *Adolescence, 32*, 881–886.

Downey, D. B., & Condron, D. J. (2016). Fifty years since the Coleman Report: Rethinking the relationship between schools and inequality. *Sociology of education, 89*(3), 207–220.

Downey, D. B., von Hippel, P. T., & Broh, B. A. (2004). Are schools the great equalizer? Cognitive inequality during the summer months and the school year. *American Sociological Review, 69*(5), 613–635.

DuBois, D. L., Holloway, B. E., Valentine, J. C., & Cooper, H. (2002). Effectiveness of mentoring programs for youth: A meta-analytic review. *American Journal of Community Psychology, 30*(2), 157–197.

Dünnebier, K., Gräsel, C., & Krolak-Schwerdt, S. (2009). Urteilsverzerrungen in der schulischen Leistungsbeurteilung. Eine experimentelle Studie zu Ankereffekten. *Zeitschrift für Pädagogische Psychologie, 23*, 187–195.

Durlak, J. A., Weissberg, R. P., & Pachan, M. (2010). A meta-analysis of after-school programs that seek to promote personal social skills in children and adolescents. *American Journal of Community Psychology, 45*, 294–309.

Dweck, C. S. (1999). *Self-theories: Their role in motivation, personality, and development*. Psychology Press.

Dynarski, M., James-Burdumy, S., Moore, M., Rosenberg, L., Deke, J., Mansfield, W., & Warner, E. (2004). *When schools stay open late: The national evaluation of the 21st century community learning centers program: New findings*. U.S. Department of Education, Institute of Education Sciences, National Center for Education Evaluation and Regional Assistance.

Ehmke, T., Drechsel, B., & Carstensen, C. H. (2008). Klassenwiederholen in PISA-I-Plus: Was lernen Sitzenbleiber in Mathematik dazu? *Zeitschrift für Erziehungswissenschaft, 11*, 368–387.

Ehmke, T., Sälzer, C., Pietsch, M., Drechsel, B., & Müller, K. (2017). Competence development in the school year after PISA 2012: Effects of grade retention. *Zeitschrift für Erziehungswissenschaft, 20*, 99–124.

Einsiedler, W. (2003). Unterricht in der Grundschule. In K. S. Cortina, J. Baumert, A. Leschinsky, K. U. Mayer, & L. Trommer (Hrsg.), *Das Bildungswesen in der Bundesrepublik Deutschland. Strukturen und Entwicklungen im Überblick.* (S. 285–341). Rowohlt.

Einsiedler, W., & Glumpler, E. (1989). Analysen zur Entwicklung des Sitzenbleibens (unter besonderer Berücksichtigung der Grundschule). *Die Deutsche Schule, 81*(2), 248–259.

Entwisle, D. R., & Hayduk, L. A. (1982). *Early schooling: Cognitive and affective outcomes.* The Johns Hopkins University Press.

Epstein, J. L., & Sanders, M. G. (2002). Family, school, and community partnerships. Practical Issues in ParentingIn M. H. Bornstein (Hrsg.), *Handbook of Parenting* (Bd. 5, S. 407–437). Lawrence Erlbaum Associates.

Ertmer, P. A., Ottenbreit-Leftwich, A. T., Sadik, O., Sendurur, E., & Sendurur, P. (2012). Teacher beliefs and technology integration practices: A critical relationship. *Computers & Education, 59*(2), 423–435.

Esser, H., & Seuring, J. (2020). Kognitive Homogenisierung, schulische Leistungen und soziale Bildungsungleichheit: Theoretische Modellierung und empirische Analyse der Effekte einer strikten Differenzierung nach den kognitiven Fähigkeiten auf die Leistungen in der Sekundarstufe und den Einfluss der sozialen Herkunft in den deutschen Bundesländern mit den Daten der „National Educational Panel Study "(NEPS). *Zeitschrift für Soziologie, 49*(5–6), 277–301.

Europäische Union. (2016). Verordnung (EU) 2016/679 des Europäischen Parlaments und des Rates vom 27. April 2016 zum Schutz natürlicher Personen bei der Verarbeitung personenbezogener Daten, zum freien Datenverkehr und zur Aufhebung der Richtlinie 95/46/EG (Datenschutz-Grundverordnung). *Amtsblatt der Europäischen Union.*

European Commission. (2011). *Grade retention during compulsory education in Europe: Regulations and statistics (Eurydice Report).* https://doi.org/10.2797/50507.

Fabian, P. (2020). Leistungskonsolidierung, Leistungssteigerung- oder etwas ganz anderes? Die Effekte einer Klassenwiederholung auf die Leistungsentwicklung. Waxmann Verlag.

Fend, H. (2009). *Neue Theorie der Schule. Einführung in das Verstehen von Bildungssystemen.* VS Verlag.

Ferrera, J. M. C., López, C. M., & Rodríguez, R. S. (2014). La repetición de curso y sus factores condicionantes en España. *Revista de Educación, 365*, 12–37. https://doi.org/10.4438/1988-592X-RE-2014-365-263.

Fisher, C. W., Berliner, D. C., Filby, N. N., Marliave, R., Cahen, L. S., & Dishaw, M. M. (1981). Teaching behaviors, academic learning time, and student achievement: An overview. *The Journal of Classroom Interaction, 17*(1), 2–15.

Fiske, S. T., & Neuberg, S. L. (1990). A continuum of impression formation from category-based to individuating processes: Influences of information and motivation on attention and interpretation. In M. P. Zanna (Hrsg.), *Advances in experimental social psychology* (Bd. 23, S. 1–74). New York: Academic.

Fiske, S. T., Lin, M., & Neuberg, S. L. (1999). The continuum model. Ten years later. In S. Chaiken & Y. Trope (Hrsg.), *Dual process theories in social psychology* (S. 231–254). Guilford.

Fives, H., & Buehl, M. M. (2012). Spring cleaning for the "messy" construct of teachers' beliefs: What are they? Which have been examined? What can they tell us? In K. R. Harris, S. Graham, & T. Urdam (Hrsg.), *APA educational psychology handbook, Bd. 2: Individual differences and cultural and contextual factors* (S. 471–499). American Psychological Association. https://doi.org/10.1037/13274-019.

Fives, H., & Gill, M. G. (2015). *International handbook of research on teachers' beliefs.* Routledge.

Forsa. (2023). *Multiprofessionalität an Schulen in Deutschland. Ergebnisse einer repräsentativen Befragung von Schulleitungen im Auftrag der Deutsche Telekom Stiftung.* https://www.telekom-stiftung.de/sites/default/files/files/umfrage_multiprofessionalitaet_ergebnisbericht.pdf.

Fraktion Bündnis 90/Die Grünen. (2023). *Antrag der Fraktion Bündnis 90/Die Grünen. Berliner Schulen stärken – Multiprofessionelle Teams an Schulen auf- und ausbauen. Drucksache 19/1029.*

Freundl, V., Grewenig, E., Kugler, F., Lergetporer, P., Schüler, R., Werner, K., Wedel, K., Wirth, O., & Woessmann, L. (2022). The ifo education survey 2014–2021: A new dataset on public preferences for education policy in Germany. *Jahrbücher für Nationalökonomie und Statistik.* https://doi.org/10.1515/jbnst-2022-0051.

Frommberger, H. (1955). *Das Sitzenbleiberproblem. Untersuchungen über das Versagen von Kindern in der Volksschule.* Crüwell.

Fruehwirth, J. C., Navarro, S., & Takahashi, Y. (2016). How the timing of grade retention affects outcomes: Identification and estimation of time-varying treatment effects. *Journal of Labor Economics, 34*(4), 979–1021.

Gadeyne, E., Onghena, P., & Ghesquière, P. (2008). Child and family characteristics associated with nonpromotion in preprimary education. *Exceptional children, 74*, 453–469. https://doi.org/10.1177/001440290807400403.

George, A. C., Götz, S., Illetschko, M., & Süss-Stepancik, E. (2022). *Empirische Befunde zu Kompetenzen im Mathematikunterricht der Sekundarstufe 1 und Folgerungen für die Praxis. Ergänzende Analysen zu den Bildungsstandardüberprüfungen.* Waxmann.

Gleason, K. A., Kwok, O.-M., & Hughes, J. N. (2007). The short-term effect of grade retention on peer relations and academic performance of at-risk first graders. *The Elementary School Journal, 107*, 327–340.

Gleeson, M., & Davison, C. (2016). A conflict between experience and professional learning: Subject teachers' beliefs about teaching English language learners. *RELC journal, 47*, 43–57. https://doi.org/10.1177/0033688216631221.

Glock, S., Krolak-Schwerdt, S., Klapproth, F., & Böhmer, M. (2012). Improving teachers' judgments: Accountability affects teachers' tracking decision. *International Journal of Technology and Inclusive Education, 1*, 89–98.

González-Betancor, S. M., & López-Puig, A. J. (2016). Grade retention in primary education is associated with quarter of birth and socioeconomic status. *PLoS ONE, 11*(11), Article e0166431.

Goodlad, J. I., & Anderson, R. H. (1987). *The nongraded elementary school* (2. Aufl.). New York: Teachers College Press.

Goos, M., Pipa, J., & Peixoto, F. (2021). Effectiveness of grade retention: A systematic review and meta-analysis. *Educational Research Review, 34*, Article 100401. https://doi.org/10.1016/j.edurev.2021.100401.

Goos, M., Schreier, B., Knipprath, H., De Fraine, B., Trautwein, U., & Van Damme, J. (2013). How can cross-country differences in the practice of grade retention be explained? A closer look at national educational policy factors. *Comparative Education Review, 57*(1), 54–84. https://doi.org/10.1086/667655.

Groß Ophoff, J. (2013). *Lernstandserhebungen: Reflexion und Nutzung (Pädagogische Psychologie und Entwicklungspsychologie, Band 85).* Waxmann.

Guévremont, A., Roos, N. P., & Brownell, M. (2007). Predictors and consequences of grade retention: Examining data from Manitoba, Canada. *Canadian Journal of School Psychology, 22*(1), 50–67. https://doi.org/10.1177/0829573507301038.

Günther, K.-H., Hofmann, F., Hohendorf, G., König, H., & Schuffenhauer, H. (1988). *Geschichte der Erziehung* (16. Aufl.). Berlin: Volk und Wissen.

Gutierrez, R., & Slavin, R. E. (1992). Achievement effects of the nongraded elementary school: A best evidence synthesis. *Review of Educational Research, 62*(4), 333–376. https://doi.org/10.3102/00346543062004333.

Hagborg, W. J. (1993). Teacher and high school student grade retention attitudes. In:*Conference paper presented at the annual meeting of the National Association of School Psychologists in Washington (DC)*. https://files.eric.ed.gov/fulltext/ED356221.pdf.

Halpern, R. (2002). A different kind of child development institution: The history of after-school programs for low-income children. *Teachers College Record, 104*, 178–211.

Hattie, J. (2009). *Visible learning: A synthesis of over 800 meta-analyses on achievement.* Abingdon: Routledge.

Hattie, J. (2023). *Visible learning: The sequel: A synthesis of over 2,100 meta-analyses relating to achievement.* Routledge.

Hill, N. E., & Tyson, D. F. (2009). Parental involvement in middle school: A meta-analytic assessment of the strategies that promote achievement". *Developmental Psychology, 45*(3), 740–763. https://doi.org/10.1037/a0015362.

Hill, N. E., & Taylor, L. C. (2004). Parental school involvement and children's academic achievement: Pragmatics and issues". *Current Directions Psychological Science, 13*(4), 161–164. https://doi.org/10.1111/j.0963-7214.2004.00298.x.

Hoffman, C., & Hurst, N. (1990). Gender stereotypes: Perception or rationalization. *Journal of Personality and Social Psychology, 58*, 197–208.

Hoffmann, L., & Richter, D. (2016): Aspekte der Aus- und Fortbildung von Deutsch- und Englischlehrkräften im Ländervergleich. In P. Stanat, S. Schipolowski, C. Rjosk, S. Weirich, & N. Haag (Hrsg.), *IQB-Bildungstrend 2015: Sprachliche Kompetenzen am Ende der 9. Jahrgangsstufe im zweiten Ländervergleich* (S. 481–501). Waxmann.

Hollowood, T. M., Salisbury, C. L., Rainforth, B., & Palombaro, M. M. (1994). Use of instructional time in classrooms serving students with and without severe disabilities. *Exceptional Children, 61*(3), 242–252.

Holmes, C. T. (1989). Grade level retention effects: A meta-analysis of research studies. In L. Shepard & M. Smith (Hrsg.), *Flunking grades: Research and policies on retention* (S. 16–33). Falmer.

Holmes, C. T., & Matthews, K. M. (1984). The effects of nonpromotion on elementary and junior high school pupils: A meta-analysis. *Review of Educational Research, 54*(2), 225–236.

Holt, C. R., Range, B., & Pijanowski, J. (2009). Longitudinal literature review on grade retention. *International Journal of Educational Leadership Preparation, 4*(2), Article n2.

Huber, S. G., & Lusnig, L. (2022). Personalmangel in Deutschland, Österreich und der Schweiz. Problemlagen, Hauptursachen und Lösungsansätze – ein Überblick zum Diskurs über den Lehrkräftemangel in Schulen. *# schule verantworten, 3*, 49–64.

Huebener, M., & Marcus, J. (2015). Auswirkungen der G8-Schulzeitverkürzung: Erhöhte Zahl von Klassenwiederholungen, aber jüngere und nicht weniger Abiturienten. *DIW Wochenbericht, 18*.

Hughes, J. N., West, S. G., Kim, H., & Bauer, S. S. (2017). Effect of early grade retention on school completion: A prospective study. *Journal of Educational Psychology, 110*, 974–991.

Inman, T. F., & Roberts, J. L. (2022). Effective differentiation for continuous progress. In J. L. Roberts, T. F. Inman, & J. H. Robins (Hrsg.), *Introduction to gifted education* (S. 243–265). Routledge.

Jacob, B. A., & Lefgren, L. (2004). Remedial education and student achievement: A regression-discontinuity analysis. *Review of Economics and Statistics, 86*(1), 226–244.

Jacob, B. A., & Lefgren, L. (2009). The effect of grade retention on high school completion. *American Economic Journal: Applied Economics, 1*, 33–58. https://doi.org/10.1257/app.1.3.33

Jacobi-Dittrich, J. (1989). Geschichte der Mädchenbildung: Erfolgsgeschichte oder Wiederholung der Chancengleichheit? In M. Sauer (Hrsg.), *Feminin – Maskulin: Konventionen, Kontroversen, Korrespondenzen* (S. 59–63). Friedrich.

Jeynes, W. H. (2007). The relationship between parental involvement and urban secondary school student academic achievement: A meta-analysis. *Urban Education, 42*(1), 82–110. https://doi.org/10.1177/0042085906293818.

Jez, S. J., & Wassmer, R. W. (2015). The impact of learning time on academic achievement. *Education and Urban Society, 47*(3), 284–306.

Jimerson, S. (1999). On the failure of failure: Examining the association between early grade retention and education and employment outcomes during late adolescence. *Journal of School Psychology, 37*, 243–272.

Jimerson, S. (2001). Meta-analysis of grade retention research: Implications for practice in the 21st century. *School Psychology Review, 30*, 420–437.

Jimerson, S., Carlson, E., Rotert, M., Egeland, B., & Sroufe, E. (1997). A prospective longitudinal study of the correlates and consequences of early grade retention. *Journal of School Psychology, 35*, 3–25.

Jimerson, S., & Renshaw, T. L. (2012). Retention and social promotion. *Principal Leadership, 13*(1), 12–16.

Johnson, D. (2001). *Beyond social promotion and retention – Five strategies to help students succeed.* North Central Regional Educational Laboratory. http://www.ncrel.org/sdrs/areas/issues/students/atrisk/at800.htm

Juchtmans, G., Goos, M., Vandenbroucke, A., & De Fraine, B. (2012*). Grade retention: A useful practice? A study on alternatives for grade repetition in Flanders from an international perspective. OBPWO project 10.02 final report.* http://www.ond.vlaanderen.be/obpwo/projecten/2010/10.02/default.htm.

Jungmann, T. (2021). Lese-Rechtschreibförderung. In A. Lohaus & H. Domsch (Hrsg.), Psychologische Förder- und Interventionsprogramme für das Kindes- und Jugendalter. Psychotherapie: Praxis (S. 133–147). Springer. https://doi.org/10.1007/978-3-662-61160-9_9.

Jungmann, T., & Fuchs, A. (2021). Sprachförderung. In A. Lohaus & H. Domsch (Hrsg.), Psychologische Förder- und Interventionsprogramme für das Kindes- und Jugendalter. Psychotherapie: Praxis (S. 85–99). Springer. https://doi.org/10.1007/978-3-662-61160-9_6.

Karweit, N. (1991). Repeating a grade: Time to grow or denial of opportunity? *Report, 16*. Baltimore: Johns Hopkins University. Center for research on effective schooling for disadvantaged students.

Karweit, N. (1999). Grade retention: Prevalence, timing, and effects. *Report, 33*. Baltimore: Johns Hopkins University. Center for research on students placed at risk.

Kemmler, L. (1976). *Schulerfolg und Schulversagen. Eine Längsschnittuntersuchung vom ersten bis zum fünfzehnten Schulbesuchsjahr.* Hogrefe.

Kim, J. S. (2006). Effects of a voluntary summer reading intervention on reading achievement: Results from a randomized field trial. *Educational Evaluation and Policy Analysis, 28*(4), 335–355.

King, K. A., Vidourek, R. A., Davis, B., & McClellan, W. (2002). Increasing self-esteem and school connectedness through a multidimensional mentoring program. *Journal of School Health, 72*, 294–299.

Kiper, H. (2001). *Einführung in die Schulpädagogik.* Beltz-Verlag.

Klapproth, F. (2018). Biased predictions of students' future achievement: An experimental study on pre-service teachers' interpretation of curriculum-based measurement graphs. *Studies in Educational Evaluation, 59*, 67–75.

Klapproth, F. (2021). Decision-making under pressure (a behavioral science perspective). *Capco Journal of Financial Transformation, 53*, 24–31.

Klapproth, F. (2022). Stereotype in der Lernverlaufsdiagnostik. In S. Glock (Hrsg.), *Stereotype in der Schule II: Ursachen und Möglichkeiten der Intervention* (S. 49–88). Springer Fachmedien.

Klapproth, F., Keller, U., & Fischbach, A. (26. August 2021). Long-term effects of retention in grade 8 in Luxembourg [Online paper presentation]. *EARLI 2021*. Gothenburg, Sweden.

Klapproth, F., Krolak-Schwerdt, S., Glock, S., Böhmer, M., & Martin, R. (2013). Die prognostische Validität der Sekundarschulempfehlung in Luxemburg: Eine Gegenüberstellung von Verbleibsquoten und Leistungstestdaten. *Schweizerische Zeitschrift für Bildungswissenschaften, 35*, 319–345.

Klapproth, F., & Schaltz, P. (2015). Who is retained in school, and when? Survival analysis of predictors of grade retention in Luxembourgish secondary school. *European Journal of Psychology of Education, 30*, 119–136.

Klapproth, F., & Schaltz, P. (2016). Klassenwiederholungen in Luxemburg. In Ministère de l'Èducation nationale, de l'Enfance et de la Jeunesse (Hrsg.), *Bildungsbericht Luxemburg 2015. Bd. 2: Analysen und Befunde* (S. 76–83). Université du Luxembourg.

Klapproth, F., Schaltz, P., Brunner, M., Keller, U., Fischbach, A., Ugen, S., & Martin, R. (2016b). Short-term and medium-term effects of grade retention in secondary school on academic achievement and psychosocial outcome variables. *Learning and Individual Differences, 50*, 182–194. https://doi.org/10.1016/j.lindif.2016.08.014.

Klapproth, F., Schaltz, P., & Glock, S. (2014). Elterliche Bildungsaspiration und Migrationshintergrund als Prädiktoren für Schulformwechsel in der Sekundarstufe I: Ergebnisse einer Längsschnittstudie. *Zeitschrift für Erziehungswissenschaft, 17*, 323–343.

Klapproth, F., & Lippe, H. V. D. (2024). A gender bias in curriculum-based measurement across content domains: Insights from a German study. *Education Sciences, 14*(1), 76.

Klauer, K. J. (2011). Lernverlaufsdiagnostik-Konzept, Schwierigkeiten und Möglichkeiten. *Empirische Sonderpädagogik, 3*(3), 207–224.

Klemm, K. (2009). *Klassenwiederholungen – teuer und unwirksam. Eine Studie zu den Ausgaben für Klassenwiederholungen in Deutschland*. Bertelsmann Stiftung.

Kniel, A. (1976). Zum Ausmaß schulischer Selektion. In R. Biermann (Hrsg.), *Schulische Selektion in der Diskussion* (S. 7–25). Klinkhardt.

Knipprath, H. (2013). Langetermijneffecten van zittenblijven en afstromen op opleidingsniveau, participatie in levenslang leren en de beroepscarrière. *Pedagogische Studiën, 90*, 74–88.

Koch, U. (2011). *Verstehen Lehrkräfte Rückmeldungen aus Vergleichsarbeiten? Datenkompetenz von Lehrkräften und die Nutzung von Ergebnisrückmeldungen aus Vergleichsarbeiten (Empirische Erziehungswissenschaft, Bd. 31)*. Waxmann.

Köhler, H. (2001). Zensur, Leistung und Schulerfolg in den Schulen der DDR. *Zeitschrift für Pädagogik, 47*(6), 847–857. https://doi.org/10.25656/01:4320.

König, J., Darge, K., & Schreiber, M. (2012). Teachers' beliefs about retention: Effects on teaching quality. In J. König (Hrsg.), *Teachers' pedagogical beliefs. Definition and operationalisation – connections to knowledge and performance – development and change* (S. 191–204). Waxmann.

Komosa-Hawkins, K. (2012). The impact of school-based mentoring on adolescents' social-emotional health. *Mentoring & Tutoring: Partnership in Learning, 20*(3), 393–408.

Kovaleski, J. F., Gickling, E. E., Morrow, H., & Swank, P. R. (1999). High versus low implementation of instructional support team. *Remedial and Special Education, 20*(3), 170–183.

Kremer, K. P., Maynard, B. R., Polanin, J. R., Vaughn, M. G., & Sarteschi, C. M. (2014). Effects of after-school-programs with at-risk youth on attendance and externalizing behaviors: A systematic review and meta-analysis. *Journal of Youth and Adolescence, 44*, 616–636. https://doi.org/10.1007/s10964-014-0226-4.

Krohne, J. A., Meier, U., & Tillmann, K. J. (2004). Sitzenbleiben, Geschlecht und Migration-Klassenwiederholungen im Spiegel der PISA-Daten. *Zeitschrift für Pädagogik, 50*(3), 373–391.

Kruse, S. D., Louis, K. S., & Bryk, A. S. (1995). An emerging framework for analyzing school-based professional community. In K. S. Louis & S. D. Kruse (Hrsg.), *Professionalism and community: Perspectives on reforming urban schools* (S. 23–34). Corwin Press.

Kucharz, D., & Wagener, M. (2007). *Jahrgangsübergreifendes Lernen: Eine empirische Studie zu Lernen, Leistung und Interaktion von Kindern in der Schuleingangsphase*. Schneider Verlag Hohengehren.

Kuhl, P., Felbrich, A., Richter, D., Stanat, P., & Pant, H. A. (2013). Die Jahrgangsmischung auf dem Prüfstand: Effekte jahrgangsübergreifenden Lernens auf Kompetenzen und sozio-emotionales Wohlbefinden von Grundschülerinnen und Grundschülern. In R. Becker & A. Schulze (Hrsg.), *Bildungskontexte. Strukturelle Voraussetzungen und Ursachen ungleicher Bildungschancen* (S. 299–324). Springer.

Kühle, B., & Peek, R. (2007). Lernstandserhebungen in Nordrhein-Westfalen. Evaluationsbefunde zur Rezeption und zum Umgang mit Ergebnisrückmeldungen in Schulen. *Empirische Pädagogik, 21*, 428–447.

Kuhn, P. (4. September 2009). Sitzenbleiben – Politiker dagegen, Experten dafür. *Die Welt*. https://www.welt.de/politik/article4465381/Sitzenbleiben-Politiker-dagegen-Experten-dafuer.html.

Kunter, M., Klusmann, U., Baumert, J., Richter, D., Voss, T., & Hachfeld, A. (2013). Professional competence of teachers: Effects on instructional quality and student development. *Journal of Educational Psychology, 105*(3), 805–820. https://doi.org/10.1037/a0032583.

Lai, M. K., Wilson, A., McNaughton, S., & Hsiao, S. (2014). Improving achievement in secondary schools: Impact of a literacy project on reading comprehension and secondary school qualifications. *Reading Research Quarterly, 49*(3), 305–334. https://doi.org/10.1002/rrq.2014.49.issue-3.

Lampley, J. H., & Johnson, K. C. (2010). Mentoring at-risk youth: Improving academic achievement in middle school students. *Nonpartisan Education Review, 6*(1).

Landesschüler*innenvertretung Nordrhein-Westfalen (2022). *Grundsatzprogramm der LSV NRW*. https://lsvnrw.de/wp-content/uploads/2022/09/Grundsatzprogramm-LaVo-22-23-neu.pdf.

Lankes, E.-M., Burgmaier, F., Rudolph-Albert, F., Teubner, M., & Werner, S. (2018). *Bildungsbericht Bayern 2018*. Gunzenhausen: Bayerisches Landesamt für Schule.

Lauer, P. A., Akiba, M., Wilkerson, S. B., Apthorp, H. S., Snow, D., & Martin-Glenn, M. L. (2006). Out-of-school-time programs: A meta-analysis of effects for at-risk students. *Review of Educational Research, 76*, 275–313.

Lee, D. S., & Lemieux, T. (2010). Regression discontinuity designs in economics. *Journal of economic literature, 48*(2), 281–355.

Liddell, C., & Rae, G. (2001). Predicting early grade retention: A longitudinal investigation of primary school progress in a sample of rural South-African children. *British Journal of Educational Psychology, 71*, 413–428.

Lindt, S. F., & Blair, C. (2017). Making a difference with at-risk students: The benefits of a mentoring program in middle school. *Middle School Journal, 48*(1), 34–39. https://doi.org/10.1080/00940771.2017.1243919.

Liontos, L. B. (1992). *At-risk families and schools: Becoming partners*. ERIC Clearinghouse on Educational management College of Education.

Loe, I. M., & Feldman, H. M. (2007). Academic and educational outcomes of children with ADHD, *Journal of Pediatric Psychology, 32*(6), 643–654.https://doi.org/10.1093/jpepsy/jsl054.

Lohmann, I. (1987). Wer hat das Sitzenbleiben erfunden? Eine historische Recherche. *Westermanns Pädagogische Beiträge, 39*(4), 12–15.

Lovett, M. W., Frijters, J. C., Wolf, M., Steinbach, K. A., Sevcik, R. A., & Morris, R. D. (2017). Early intervention for children at risk for reading disabilities: The impact of grade at intervention and individual differences on intervention outcomes. *Journal of Educational Psychology, 109*(7), 889–914.

Lubbers, M. J., Van Der Werf, M. P. C., Snijders, T. A. B., Creemers, B. P. M., & Kuyper, H. (2006). The impact of peer relations on academic progress in junior high. *Journal of School Psychology, 44*, 491–512. https://doi.org/10.1016/j.jsp.2006.07.005.

Ludwig, P. H. (2010). Erwartungseffekt. In D. H. Rost (Hrsg.), *Handwörterbuch Pädagogische Psychologie* (S. 144–150). Beltz.

Lynch, K., An, L., & Mancenido, Z. (2023). The impact of summer programs on student mathematics achievement: A meta-analysis. *Review of Educational Research, 93*(2), 275–315.

Lynch, M. (2013). Alternatives to social promotion and retention. *Interchange, 44*, 291–309. https://doi.org/10.1007/s10780-014-9213-7.

Maier, U., Ramsteck, C., & Frühwacht, A. (2013). Lehr-lerntheoretische Argumentationsmuster bei der Interpretation und Nutzung von Vergleichsarbeitsrückmeldungen durch Gymnasiallehrkräfte. *Evidenzbasierte Steuerung im Bildungssystem, 12*, 74–96.

Mandzuk, D. (1995). Does research tell the whole story? Taking another look at social promotion. *Crosscurrents: Contemporary Canadian Educational Issues*, 181–187.

Marsh, H. W., Pekrun, R., Parker, P. D., Murayama, K., Guo, J., Dicke, T., & Lichtenfeld, S. (2017). Long-term positive effects of repeating a year in school: six-year longitudinal study of self-beliefs, anxiety, social relations, school grades, and test scores. *Journal of Educational Psychology, 109*, 425–438.

Matsudaira, J. D. (2008). Mandatory summer school and student achievement. *Journal of Econometrics, 142*(2), 829–850.

Mayr, J. (2011). Der Persönlichkeitsansatz in der Lehrerforschung. Konzepte, Befunde und Folgerungen. In E. Terhart, H. Bennewitz, & M. Rothland (Hrsg.), *Handbuch der Forschung zum Lehrerberuf* (S. 125–148). Waxmann.

McNaughton, S., Lai, M., & Hsaio, S. (2012). Testing the effectiveness of an intervention model based on data use: A replication series across clusters of schools. *School Effectiveness and School Improvement, 23*(2), 203–228. https://doi.org/10.1080/09243453.2011.652126.

Meirink, J. A., Meijer, P. C., & Verloop, N. (2007). A closer look at teachers' individual learning in collaborative settings. *Teachers and Teaching: Theory and Practice, 13*, 145–164.

Meißner, F., Pepels, J., Pipa, J., Goos, M., Belfi, B., Gaitas, S., Peixoto, F., & Klapproth, F. (2025). *Klassenwiederholung während der Pflichtschulzeit in Europa: Gesetzliche Vorgaben und Praxis.* https://erasmus-plus.ec.europa.eu/projects/search/details/2021-1-BE02-KA220-HED-000022966.

Merwin, M. M. (2002). Let sleeping students lie? Using interpersonal activities to engage disengaged students. *College Student Journal, 36*(1), 87–93.

Mojavezi, A., & Tamiz, M. P. (2012). The impact of teacher self-efficacy on the students' motivation and achievement. *Theory & Practice in Language Studies (TPLS), 2*(3), 483–491.

Monfrance, M., Haelermans, C., & Schils, T. (2024). Effects of summer schools: Who benefits the most? *PLoS ONE, 19*(4), Article e0302060. https://doi.org/10.1371/journal.pone.0302060.

Moonie, S., Cross, C. L., Guillermo, C. J., & Gupta, T. (2010). Grade retention risk among children with asthma and other chronic health conditions in a large urban school district. *Postgraduate Medicine, 122*(5), 110–115. https://doi.org/10.3810/pgm.2010.09.2207.

Mulholland, M., & O'Connor, U. (2016). Collaborative classroom practice for inclusion: Perspectives of classroom teachers and learning support/resource teachers. *International Journal of Inclusive Education, 20*(10), 1070–1083.

Murray, C. S., Woodruff, A. L., & Vaughn, S. (2010). First-grade student retention within a 3-tier framework. *Reading and Writing Quarterly, 26*(1), 26–50.

News4Teachers (22. Juni 2015). Kurz vor den Zeugnissen: Philologen-Chef Meidinger verteidigt Noten – und das Sitzenbleiben. *News4Teachers*. https://www.news4teachers.de/2015/06/kurz-vor-den-zeugnissen-meidinger-verteidigt-noten-und-das-sitzenbleiben/.

Nichols, J. D., & Miller, R. B. (1994). Cooperative learning and student motivation. *Contemporary educational psychology, 19*(2), 167–178.

Norton, S. (2011). Please not another push to get tough on student retention. *Planning and Changing, 42*(3), 209–233.

OECD. (2013), *PISA 2012 Results: What makes schools successful (Bd. IV). resources, policies and practices.* OECD Publishing. https://doi.org/10.1787/9789264201156-en.

OECD. (2021). *PISA 2018: Sky's the limit. Growth mindset, students, and schools in PISA.* OECD Publishing. https://www.oecd.org/pisa/growth-mindset.pdf.

OECD. (2023). *PISA 2022 results (Bd. II): Learning during – and from – disruption.* OECD Publishing. https://doi.org/10.1787/a97db61c-en.

OECD. (2024a). *Education at a glance 2024: OECD indicators.* OECD Publishing. https://doi.org/10.1787/c00cad36-en.

OECD. (2024b). *Education at a glance 2024: Sources, methodologies and technical notes.* OECD Publishing. https://doi.org/10.1787/e7d20315-en.

Old, J., & Sonnenburg, J. (2017). Steht sächsischen Schulen ein Qualitätsverlust bevor? Ein Überblick internationaler Studien zur Lehrqualität von Seiteneinsteigern. *ifo Dresden berichtet, 24*(6), 21–34.

Ou, S., & Reynolds, A. J. (2008). Predictors of educational attainment in the Chicago Longitudinal Study. *School Psychology Quarterly, 23*, 199–229. https://doi.org/10.1037/1045-3830.23.2.199.

Owings, W. A., & Kaplan, L. S. (2001). *Alternatives to retention and social promotion* (Bd. 481). Phi Delta Kappa Educational Foundation.

Pagani, L., Tremblay, R. E., Vitaro, F., Boulerice, B., & McDuff, P. (2001). Effects of grade retention on academic performance and behavioral development. *Development and Psychopathology, 13*, 297–315.

Palowski, M. (2016a). *Der Diskurs des Versagens. Nichtversetzung und Klassenwiederholung in Wissenschaft und Medien.* Springer VS.

Palowski, M. (2016b). „Sitzenbleiber sind die besseren Schüler"? Zum Klassenwiederholungsdiskurs in Erziehungswissenschaft und Medien. *Perspektiven wissenssoziologischer Diskursforschung*, 205–221.

Palowski, M., Boller, S., Müller, M., Palowski, M., Boller, S., & Müller, M. (2014). *Oberstufe aus Schülersicht: Klassenwiederholung und individuelle Förderung in der Sekundarstufe II.* Springer VS.

Paulsen, F. (1885). *Geschichte des gelehrten Unterrichts auf den deutschen Schulen und Universitäten. Vom Ausgang des Mittelalters bis zur Gegenwart.* Verlag von Veit & Comp.

Peixoto, F., Monteiro, V., Mata, L., Sanches, C., Pipa, J., & Almeida, L. S. (2016). "To be or not to be retained… that's the question!" Retention, self-esteem, self-concept, achievement goals, and grades. *Frontiers in Psychology, 7*, 1550.

Penna, A. A., & Tallerico, M. (2005). Grade retention and school completion: Through students' eyes. *Journal of At-Risk Issues, 11*(1), 13–17.

Peters, M. T., Förster, N., Hebbecker, K., Forthmann, B., & Souvignier, E. (2021). Effects of data-based decision-making on low-performing readers in general education classrooms: Cumulative evidence from six intervention studies. *Journal of Learning Disabilities, 54*, 334–348.

Peterson, S. E., & Hughes, J. N. (2011). The differences between retained and promoted children in educational services received. *Psychology in the Schools, 48*(2), 156–165.

Phillips, J. (2003). Powerful learning: Creating learning communities in urban school reform. *Journal of Curriculum and Supervision, 18*, 240–258.

Pierson, L. H., & Connell, J. P. (1992). Effect of grade retention on self-system processes, school engagement, and academic performance. *Journal of Educational Psychology, 84*, 300–307.

Pipa, J., Pepels, J., Gaitas, S., Goos, M., Peixoto, F., Belfi, B., Meissner, F., & Klapproth, F. (2025). *Summary of predictors and effects of grade retention in Europe.* https://erasmus-plus.ec.europa.eu/projects/search/details/2021-1-BE02-KA220-HED-000022966.

Pires, L., Santero-Sánchez, R., & Macías, C. (2021). School failure in the region of Madrid (Spain): An approximation through diagnostic assessment in 2019. *Sustainability, 13*(17), 9895.

Plummer, D. L., & Graziano, W. G. (1987). Impact of grade retention on the social development of elementary school children. *Developmental Psychology, 23*, 267–275.

Poortman, C. L., & Schildkamp, K. (2016). Solving student achievement focused problems with a data use intervention for teachers. *Teaching and Teacher Education, 60*, 425–433. https://doi.org/10.1016/j.tate.2016.06.010.

Portwood, S., & Ayers, P. (2005). Schools. In D. DuBois & M. Karcher (Hrsg.), *Handbook of youth mentoring* (S. 336–347). Sage.

Portwood, S., Ayers, P., Kinnison, K., Waris, R., & Wise, D. (2005). YouthFriends: Outcomes from a school-based mentoring program. *Journal of Primary Prevention, 26*, 129–145.

Posch, P. (2009). Zur schulpraktischen Nutzung von Daten: Konzepte, Strategien, Erfahrungen. *Die Deutsche Schule, 101*(2), 119–135. https://doi.org/10.25656/01:25585

Powell, P. J. (2010). Repeating views on grade retention. *Childhood Education, 87*(2), 90–93.

Pozas, M., & Schneider, C. (2019). Shedding light on the convoluted terrain of differentiated instruction (DI): Proposal of a DI taxonomy for the heterogeneous classroom. *Open Education Studies, 1*(1), 73–90. https://doi.org/10.1515/edu-2019-0005.

Puderbach, R. (2023). *Quer-und Seiteneinstieg in den Lehrerberuf in Deutschland. Ursachen, Formen und Auswirkungen.* Dissertation. TU Dresden.

Randolph, K. A., & Johnson, J. L. (2008). School-based mentoring programs: A review of the research. *Children & Schools, 30*(3), 177–185.

Range, B. G., Pijanowski, J., Holt, C. R., & Young, S. (2012). The perceptions of primary grade teachers and elementary principals about the effectiveness of grade-level retention. *The Professional Educator, 36*(1), 1–16.

Rathmann, K., Loter, K., & Vockert, T. (2020). Critical events throughout the educational career: The effect of grade retention and repetition on school-aged children's well-being. *International Journal of Environmental Research and Public Health, 17*. https://doi.org/10.3390/ijerph17114012.

Raufelder, D., & Ittel, A. (2012). Mentoring in der Schule: Ein Überblick. Theoretische und praktische Implikationen für Lehrer/-innen und Schüler/-innen im internationalen Vergleich. *Diskurs Kindheits- und Jugendforschung, 2–2012*, 147–160.

Reh, S. (2005). Warum fällt es Lehrerinnen und Lehrern so schwer, mit Heterogenität umzugehen? Historische und empirische Deutungen. *Die Deutsche Schule, 97*(1), 76–86.

Reeve, J., & Cheon, S. H. (2021). Autonomy-supportive teaching: Its malleability, benefits, and potential to improve educational practice. *Educational Psychologist, 56*(1), 54–77.

Richardson, D. N. (2016). *A phenomenological inquiry of grade retention as experienced by middle school students who were twice retained.* Liberty University.

Richter, D., Becker, B., Hoffmann, L., Busse, J., & Stanat, P. (2019): Aspekte der Aus- und Fortbildung von Lehrkräften im Fach Mathematik und in den naturwissenschaftlichen Fächern. In: P. Stanat, S. Schipolowski, N. Mahler, S. Weirich, & S. Henschel, S. (Hrsg.), *IQB-Bildungstrend 2018. Mathematische und naturwissenschaftliche Kompetenzen am Ende der Sekundarstufe I im zweiten Ländervergleich* (S. 385–410). Waxmann.

Ricken, G. (2021). Rechenstörung. In A. Lohaus & H. Domsch (Hrsg.), *Psychologische Förder- und Interventionsprogramme für das Kindes- und Jugendalter. Psychotherapie: Praxis* (S. 149–166). Springer. https://doi.org/10.1007/978-3-662-61160-9_10.

Riley, R. W., Smith, M. S., & Peterson, T. K. (1999). *Taking responsibility for ending social promotion: A guide for educators and state and local leaders.* United States Department of Education.

Rhodes, J. (2002). *Stand by me: The risks and rewards of mentoring today's youth.* Harvard University Press.

Roderick, M., & Nagaoka, J. (2005). Retention under Chicago's high-stakes testing program: Helpful, harmful, or harmless? *Educational Evaluation and Policy Analysis, 27*(4), 309–340.

Rodney, L. W., Crafter, B., Rodney, H. E., & Mupier, R. M. (1999). Variables contributing to grade retention among African American adolescent males. *The Journal of Educational Research, 92*(3), 185–190.

Rodrigues, M., de, L., Alçada, I., Calçada, T., & Mata, J. (2017). *Apresentação de resultados do projeto aprender a ler e a escrever em Portugal (Progress Report).* EPIS – Associação Empresários pela Inclusão. http://www.epis.pt/upload/documents/592d4bcd461d4.pdf.

Rodríguez-Rodríguez, D. (2022). Grade retention, academic performance and motivational variables in compulsory secondary education: A longitudinal study. *Psicothema, 34*(3), 429–436.

Rose, J. S., Medway, F. J., Cantrell, V. L., & Marus, S. H. (1983). A fresh look at the retention-promotion controversy. *Journal of School Psychology, 21,* 201–211.

Rosenbaum, P. R., & Rubin, D. B. (1983). The central role of the propensity score in observational studies for causal effects. *Biometrika, 70,* 41–55.

Roßbach, H. G. (2010). Empirische Vergleichsuntersuchungen zu den Auswirkungen von jahrgangsheterogenen und jahrgangshomogenen Klassen. In R. Laging (Hrsg.), *Grundlagen der Schulpädagogik. Bd. 28: Altersgemischtes Lernen in der Schule* (4. Aufl., S. 80–91). Schneider Verlag Hohengehren.

Roßbach, H.-G., & Tietze, W. (2006). Sitzenbleiben. In D. H. Rost (Hrsg.), *Handwörterbuch Pädagogische Psychologie* (S. 781–788). Beltz.

Royce, J., Darlington, R., & Murray, H. (1983). Pooled analyses: Findings across studies. In the Consortium for Longitudinal Studies (Hrsg.), *As the twig is bent: Lasting effects of preschool programs* (S. 411–459). Erlbaum.

Rubie-Davies, C., Flint, A., & McDonald, L. G. (2012). Teacher beliefs, teacher characteristics, and school contextual features: What are the relationships? *British Journal of Educational Psychology, 82,* 270–288. https://doi.org/10.1111/j.2044-8279.2011.02025.x.

Rushton, S., Morgan, J., & Richard, M. (2007). Teacher's Myers-Briggs personality profiles: Identifying effective teacher personality traits. *Teaching and Teacher Education, 23*(4), 432–441. https://doi.org/10.1016/j.tate.2006.12.011

Sack, E. (1886). *Schlaglichter der Volksbildung.* Wörlein.

Salza, G. (2022). Equally performing, unfairly evaluated: The social determinants of grade repetition in Italian high schools. *Research in Social Stratification and Mobility, 77.* https://doi.org/10.1016/j.rssm.2022.100676.

Sandoval, J., & Fitzgerald, P. (1985). A high school follow-up of children who were non-promoted or attended a junior first grade. *Psychology in the Schools, 32,* 164–170.

Sansom, D. W. (2019). Investigating processes of change in beliefs and practice following professional development: Multiple change models among in-service teachers in China. *Professional Development in Education, 46*(3), 467–481. https://doi.org/10.1080/19415257.2019.1634625.

Santos, N. N., Pipa, J., & Monteiro, V. (2023). Analysing grade retention beliefs within teachers' psycho-pedagogic beliefs system. *Teaching and Teacher Education, 121,* Article 103939.

Schenk-Danzinger, L. (1957). Schulorganisation und Schulversagen. *International Review of Education, 3*(2), 174–184.

Schleicher, A. (2019), *Weltklasse: Schule für das 21. Jahrhundert gestalten.* OECD Publishing. https://doi.org/10.1787/9783763960231-de.

Schmid, E., & Garrels, V. (2021). Parental involvement and educational success among vulnerable students in vocational education and training. *Educational Research, 63*(4), 456–473. https://doi.org/10.1080/00131881.2021.1988672.

Schnurr, B. L., Kundert, D. K., & Nickerson, A. B. (2009). Grade retention: Current decision-making practices and involvement of school psychologists. *Psychology in the Schools, 46,* 410–419.

Schoenfeld, A. H. (1998). Toward a theory of teaching-in-context. *Issues in Education, 4,* 1–94.

Scholz, J., & Reh, S. (2016). Auseinandersetzungen um die Organisation von Schulklassen. Verschiedenheit der Individuen, Leistungsprinzip und die moderne Schule um 1800. In C. Groppe, G. Kluchert, & E. Matthes (Hrsg.), *Bildung und Differenz. Historische Analysen zu einem aktuellen Problem* (S. 93–113). VS.

Schulstrukturreform in Berlin. (24. Januar 2025), In *Wikipedia.* https://de.wikipedia.org/wiki/Schulstrukturreform_in_Berlin

Schwerdt, G., West, M. R., & Winters, M. A. (2017). The effects of test-based retention on student outcomes over time: Regression discontinuity evidence from Florida. *Journal of Public Economics, 152,* 154–169.

Sedova, K. (2017). A case study of a transition to dialogic teaching as a process of gradual change. *Teaching and Teacher Education, 67,* 278–290. https://doi.org/10.1016/j.tate.2017.06.018

Seitler, P. (9. Februar 2024). „Armutszeugnis": Hohe Wiederholungsquote bei bayerischen Schüler:Innen. *BuzzFeed News.* https://www.buzzfeed.de/news/wiederholungen-bayern-bayrischer-lehrerverband-simone-fleischmann-schlechte-bayrische-schulpolitik-92802482.html.

Sekretariat der Ständigen Konferenz der Kultusminister der Länder in der Bundesrepublik Deutschland. (2010). *Konzeption der Kultusministerkonferenz zur Nutzung der Bildungsstandards für die Unterrichtsentwicklung.* KMK.

Sekretariat der Kultusministerkonferenz. (2016). *Gesamtstrategie der Kultusministerkonferenz zum Bildungsmonitoring.* KMK.

Shavelson, R. J., & Stern, P. (1981). Research on teachers' pedagogical thoughts, judgments, decisions, and behavior. *Review of Educational Research, 51*(4), 455–498. https://doi.org/10.3102/00346543051004455.

Shulman, L. S. (1986). Those who understand: Knowledge growth in teaching. *Educational Researcher, 15*(2), 4–21.

Sickinger, A. (1911). *Organisation großer Volksschulkörper nach der natürlichen Leistungsfähigkeit der Kinder. Vortrag gehalten auf dem I. internationalen Kongress für Schulhygiene in Nürnberg am 7. April 1904* (2. Aufl.). J. Bensheimer.

Silberglitt, B., Jimerson, S. R., Burns, M. K., & Appleton, J. J. (2006). Does the timing of grade retention make a difference? Examining the effects of early versus later retention. *School Psychology Review, 35,* 134–141.

Slavin, R. E., & Madden, N. A. (1989). Effective classroom programs for students at risk. In R. E. Slavin, N. L. Karweit, & N. A. Madden (Hrsg.), *Effective programs for students at risk* (S. 23–51). Allyn and Bacon.

Slicker, E., & Palmer, D. (1993). Mentoring at-risk high school students: Evaluation of a school-based program. *School Counselor, 40,* 327–334.

Smale-Jacobse, A. E., Meijer, A., Helms-Lorenz, M., & Maulana, R. (2019). Differentiated instruction in secondary education: A systematic review of research evidence. *Frontiers in Psychology, 10,* 2366. https://doi.org/10.3389/fpsyg.2019.02366.

Starck, W. (1974). *Die Sitzenbleiber-Katastrophe.* Klett-Cotta.

Bundesamt, S. (2024). *Statistischer Bericht – Allgemeinbildende Schulen – Schuljahr 2023/2024*. Statistisches Bundesamt.

Statista Research Department. (2015). *Anzahl der Schülerinnen und Schüler nach Schularten in der Bundesrepublik Deutschland in den Jahren 1950 bis 1987*. https://de.statista.com/statistik/daten/studie/1147819/umfrage/schuelerinnen-und-schueler-nach-schularten/#:~:text=Zwischen%201970%20und%201980%20stieg,und%20an%20Realschulen%20um%20143.000.

Stoll, L., Bolam, R., McMahon, A., Wallace, M., & Thomas, S. (2006). Professional learning communities: A review of the literature. *Journal of Educational Change, 7*, 221–258.

Stone, S., & Engel, M. (2007). Same old, same old? Students' experiences of grade retention under Chicago's ending social promotion policy. *American Journal of Education, 113*(4), 605–634.

Strike. K. A., & Posner, G. J. (1992). A revisionist theory of conceptual change. In R. Duschl & R. Hamilton (Hrsg.), *Philosophy of science, cognitive psychology and educational theory and practice* (S. 147–176). SUNY.

Taibi, M. (2012). The development of professional beliefs during teacher education at university. In J. König (Hrsg.), *Teachers' pedagogical beliefs. Definition and operationalisation – Connections to knowledge and performance – Development and change.* (S. 53–70). Waxmann.

Tam, A. C. F. (2015). The role of a professional learning community in teacher change: A perspective from beliefs and practices. *Teachers and Teaching: Theory and Practice, 21*(1), 22–43. https://doi.org/10.1080/13540602.2014.928122.

Tanner, C., & Combs, F. (1993). Student retention policy: The gap between research and practice. *Journal of Research in Childhood Education, 8*, 69–77.

Taylor, A. S., & Dryfoos, J. G. (1999). Creating a safe passage: Elder mentors and vulnerable youth. *Generations, 22*, 43–49.

Tetlock, P. E. (1983). Accountability and complexity of thought. *Journal of Personality and Social Psychology, 45*, 74–83.

Thoren, K., Hannover, B., & Brunner, M. (2019). Jahrgangsübergreifendes Lernen (JÜL): Auswirkungen auf die Leistungsentwicklung in Deutsch und Mathematik in ethnisch heterogenen Schulen. *Die Deutsche Schule, Beiheft, 14*, 140–155.

Tillema, H. H. (1995). Changing the professional knowledge and beliefs of teachers: A training study. *Learning and Instruction, 5*, 291–318.

Tomchin, E. M., & Impara, J. C. (1992). Unraveling teachers' beliefs about grade retention. *American Educational Research Journal, 29*(1), 199–223. https://doi.org/10.3102/00028312029001199

Tomlinson, C. A. (2014). *The differentiated classroom. Responding to the needs of all learrners.* ASCD.

Tomlinson, C. A., & Moon, T. R. (2013). *Assessment and student success in a differentiated classroom.* ASCD.

Trautwein, U., Lüdtke, O., Becker, M., Neumann, M., & Nagy, G. (2008). Die Sekundarstufe I im Spiegel der empirischen Bildungsforschung: Schulleistungsentwicklung, Kompetenzniveaus und die Aussagekraft von Schulnoten. In E. Schlemmer & H. Gerstberger (Hrsg.), *Ausbildungsfähigkeit im Spannungsfeld zwischen Wissenschaft, Politik und Praxis.* VS Verlag für Sozialwissenschaften. https://doi.org/10.1007/978-3-531-90839-7_5.

Trautwein, U., Lüdtke, O., Marsh, H. W., Köller, O., & Baumert, J. (2006). Tracking, grading, and student motivation: Using group composition and status to predict self-concept and interest in ninth grade mathematics. *Journal of Educational Psychology, 98*, 788–806.

Turner, J. C., Warzon, K. B., & Christensen, A. (2011). Motivating mathematics learning: Changes in teachers' practices and beliefs during a nine-month collaboration. *American Educational Research Journal, 48*, 718–762.

United States Department of Education. (2006). *Statement by U.S. Secretary of Education Margaret Spellings on the Fourth Anniversary of the No Child Left Behind Act*. Retrieved on August 26, 2006, from http://www.ed.gov/news/pressreleases/2006/01/01092006.html.

Usó-Doménech, J. L., & Nescolarde-Selva, J. (2016). What are belief systems? *Foundations of Science, 21*(1), 147–152. https://doi.org/10.1007/s10699-015-9409-z.

Van Canegem, T. (2024). Is ADHD a determinant of grade retention? A case study of the Flemish secondary education system. In *16th conference of the European sociological association tension, trust and transformation, abstracts*. Presented at the 16th Conference of the European Sociological Association Tension, Trust and Transformation, Porto, Portugal.

Van Casteren, W., Bendig-Jacobs, J., Wartenbergh-Cras, F., Van Essen, M., & Kurver, B. (2017). *Differentiëren en Differentiatievaardigheden in Het Voortgezet Onderwijs*. ResearchNed.

Vandell, D. L., Shernoff, D. J., Pierce, K. M., Bolt, D. M., Dadisman, K., & Brown, B. B. (2005). Activities, engagement, and emotion in after-school programs (and elsewhere). *New Directions for Youth Development, 105*, 121–129.

Van den Berg, R. (2002). Teachers' meanings regarding educational practice. *Review of Educational Research, 72*(4), 577–625.

Van Geel, M., Keuning, T., Visscher, A. J., & Fox, J. P. (2016). Assessing the effects of a school-wide data-based decision-making intervention on student achievement growth in primary schools. *American Educational Research Journal, 53*(2), 360–394. https://doi.org/10.3102/0002831216637346.

Vanlommel, K., Van Gasse, R., Vanhoof, J., & Petegem, P. V. (2017). Teachers' decision-making: Data based or intuition driven? *International Journal of Educational Research, 83*, 75–83. https://doi.org/10.1016/J.IJER.2017.02.013.

Vansteenkiste, M., Aelterman, N., Haerens, L., & Soenens, B. (2019). Seeking stability in stormy educational times: A need-based perspective on (de)motivating teaching grounded in self-determination theory. *In Motivation in Education at a Time of Global Change: Theory, Research, and Implications for Practice, 20*, 53–80.

Veenman, S. (1995). Cognitive and noncognitive effects of multigrade and multi-age classes. A best-evidence synthesis. *Review of Educational Research, 65*(4), 319–381.

verbaende.com. (21. Juli 2006). Das Wiederholen eines Schuljahres bietet auch Chancen!/ Meidinger: „Sitzenbleiben ist keine Strafmaßnahme, Wiederholer erreichen im Durchschnitt höhere Abschlüsse!". *Pressemitteilung Deutscher Philologenverband*.

Vockert, T., Loter, K., Herke, M., Richter, M., & Rathmann, K. (2021). Die Klassenwiederholung als kritisches Lebensereignis für das Wohlbefinden von Schulkindern an weiterführenden Schulen? *Prävention und Gesundheitsförderung, 17*(4), 464–473.

Vodafone Stiftung Deutschland. (2013). *Hindernis Herkunft. Eine Umfrage unter Schülern, Lehrern und Eltern zum Bildungsalltag in Deutschland*. Vodafone Stiftung Deutschland.

Voss, T., Kunter, M., Seiz, J., Hoehne, V., & Baumert, J. (2014). Die Bedeutung des pädagogisch-psychologischen Wissens von angehenden Lehrkräften für die Unterrichtsqualität. *Zeitschrift für Pädagogik, 60*(2), 184–201.

Weisman, S. A., Womer, S. C., Kellstrong, M., Bryner, S., Kahler, A., & Slocum, L. A. (2003). *Maryland after-school community grant program Part 1: Report on the 2002–2003 school year evaluation of the phase 3 after-school programs*. University of Maryland.

Welsh, M. E., Russell, C. A., Williams, I., Reisner, E. R., & White, R. N. (2002). *Promoting learning and school attendance through after school programs: Student level changes in education across TASC's first three years*. Policy Studies Associates Inc.

Welt.de (24. Dezember 2008). Bildungsexperte will Sitzenbleiben abschaffen. *Welt.de*. https://www.welt.de/politik/article2928206/Bildungsexperte-will-Sitzenbleiben-abschaffen.html.

Wenning, N. (2007). Differenz und Bildung im Spannungsverhältnis. Wie die Institution Schule anders mit Heterogenität umgehen kann. In H. Buchen (Hrsg.), *Heterogenität und Schulentwicklung* (S. 145–162). Raabe.

Werner, K., Freundl, V., Pfaehler, F., Wedel, K., & Wößmann, L. (2023). Was die Deutschen über die Qualität der Schulen denken – Ergebnisse des zehnten ifo Bildungsbarometers 2023. *ifo Schnelldienst, 9/2023*.

West, S. G., & Thoemmes, F. (2008). Equating groups. In P. Alasuutari, L. Bickman, & J. Brannon (Hrsg.), *Handbook of social research methods* (S. 414–430). Sage.

Westphal, A., Vock, M., & Lazarides, R. (2020). Are more conscientious seventh- and ninth-graders less likely to be retained? Effects of Big Five personality traits on grade retention in two different age cohorts. *Journal of Applied Developmental Psychology, 66*. https://doi.org/10.1016/j.appdev.2019.101088.

Widmer-Wolf, P. (2018). Kooperation in multiprofessionellen Teams an inklusiven Schulen. In T. Sturm & M. Wagner-Willi (Hrsg.), *Handbuch schulische Inklusion* (S. 298–313). Verlag Barbara Budrich.

Winters, M. A. (2023). The Cost of retention under a test-based promotion policy for taxpayers and students. *Educational Evaluation and Policy Analysis, 45*(4), 688–695. https://doi.org/10.3102/01623737221138041.

Wößmann, L., Lergetporer, P., Kugler, F., & Werner, K. (2014). Was die Deutschen über die Bildungspolitik denken – Ergebnisse des ersten ifo Bildungsbarometers. *Ifo Schnelldienst, 18*, 16–33.

Wu, W., West, S. G., & Hughes, J. N. (2008). Effect of retention in first grade on children's achievement trajectories over 4 years: A piecewise growth analysis using propensity score matching. *Journal of Educational Psychology, 100*, 727–740.

Wu, W., West, S. G., & Hughes, J. N. (2010). Effect of grade retention in first grade on psychosocial outcomes. *Journal of Educational Psychology, 102*, 135–152.

Young, S., Trujillo, N. P., Bruce, M. A., Pollard, T., Jones, J., & Range, B. (2019). Preservice teachers' views about grade retention as an intervention for struggling students. *Preventing School Failure: Alternative Education for Children and Youth, 63*(2), 113–120.

Yu, J., McLellan, R., & Winter, L. (2021). Which boys and which girls are falling behind? Linking adolescents' gender role profiles to motivation, engagement, and achievement. *Journal of Youth and Adolescence, 50*, 336–352. https://doi.org/10.1007/s10964-020-01293-z.

Zaff, J. F., Donlan, A., Gunning, A., Anderson, S. E., McDermott, E., & Sedaca, M. (2017). Factors that promote high school graduation: A review of the literature. *Educational Psychology Review, 29*(3), 447–476. https://doi.org/10.1007/s10648-016-9363-5.

Zief, S. G., Lauver, S., & Maynard, R. A. (2006). Impacts of afterschool programs on student outcomes. *Campbell Systematic Reviews, 2*(1), 1–51.

Ziegler, S. (1987). *The effects of parent involvement on children's achievement: The significance of home/school links*. Toronto Board of Education.

Stichwortverzeichnis

A

aftliche Zusammenarbeit und Entwicklung), 38
Alter, 47
Alternative, 67
Arbeits- und Sozialverhalten, 45
Aufgabenstellung, differenzierte, 82
Auf Probe vorrücken, 21
Autonomie, 81

B

Bewertung, 82
Bildungsaspiration, 45
Bildungsmonitoring, 70, 72
Bildungsstandards, 72
Binnendifferenzierung, 5, 13, 17, 50, 52, 83, 94

D

Daten, schulbezogene, 69
(Datenschutz-Grundverordnung), 70
Datenschutz-Grundverordnung (DSGVO), 70
DDR, 12
Duale-Prozess-Modell, 48

E

Einstellung gegenüber Klassenwiederholungen, 28
Elternbeteiligung, 86
Engagement, elterliches, 86

F

Fachklassensystem, 8
Faktor, gesundheitlicher, 47
Förderprogramm, 79
Funktion
   meritokratische, 19
   motivierende, 19
   remediale, 18
   von Klassenwiederholungen, 15

G

Geschlecht, 46
Gleichmacherin, 16
Gruppenarbeit, 83

H

Häufigkeit von Klassenwiederholungen, 38
Hausaufgabe, 88
Homogenisierungsfunktion, 16

I

Intervention, 73

J

Jahrgangsklassensystem, 9
Jobchance, 63

K

Klassengemeinschaft, 24

Klassenkonferenz, 33
Klassenwiederholung, 1–5, 11–15, 17–19, 21, 23–29, 33, 34, 37–41, 43–45, 47, 49–54, 56–59, 61–65, 67, 68, 73, 75, 76, 85, 89–95
Klassenziel, 1, 2, 26, 27, 33, 68, 69, 74, 79
Kompetenzansatz, 76
Kompetenz, professionelle, 89
Konzeptwechsel, 90
Kosten, 63

L
Lehrerfortbildung, 91
Leistungsdefizit, 44
Leistungsheterogenität, 5, 17
Leistungsprinzip, 3, 19–21
Lernen, jahrgangsübergreifendes, 85
Lerngemeinschaft, professionelle, 91
Lernschwierigkeit, 5, 68, 69, 74, 75, 82
Lernverlaufsmessung, 71
Lernzeit, 74
    akademische, 74

M
Mentor, 84
Mentoring-Programm, 84
Merkmal, psycho-emotionales, 61
Methode der Wirksamkeitsforschung, 53
Migrationshintergrund, 3
Mindset, 46
Motivation, 45

N
Nachmittagsprogramm, 80

O
Organisation für wirtschaftliche Zusammenarbeit und Entwicklung (OECD), 38

P
Persönlichkeitsansatz, 76
Pisa-Studie, 38
Promotion, soziale, 19, 20, 68

Propensity-Score-Matching, 55

R
Regressionsanalyse, multiple, 56
Regressions-Diskontinuitäts-Analyse, 56
Regularie, 32
Rückmeldung, 72

S
same age, 54
same grade, 54
Schätzung kausaler Effekte, 55
Schuleingangsphase, flexible, 32, 86
Schülermerkmal, 44
Schulformaufstieg, 20
Schulformwechsel, 13, 21, 37
Schulklima, 51
Schulstruktur, 13
Schulsystem, 3, 7, 9, 12, 13, 41, 69, 72
Selbstwertgefühl, 61
Selektionsfunktion, 3
Sichtweise, lineare des Lernens, 25
Sitzenbleiben . siehe Klassenwiederholung
Sitzenbleiberquote, 11, 12
Standards, 72
Status, sozioökonomischer, 47
Stigma, 61
Summer School, 75

T
Team, multiprofessionelles, 78
Traumatisierung, 24, 26

U
Überzeugung der Lehrkräfte, 49, 89
Urteilsbildung, 48

V
Versetzungsentscheidung, 1, 4, 33–37, 44, 48, 49, 51, 56
Versetzungspraxis, 11, 31

W
Wiederholerquote, 12, 40, 94

Stichwortverzeichnis

Wirksamkeit, 3, 5, 25, 27–29, 40, 49, 50, 54, 61, 64, 73, 75, 83, 89, 94
Wirksamkeitsnachweis, 24

Z
Zusammensetzung der Schülerschaft, 51

MIX
Papier aus verantwortungsvollen Quellen
Paper from responsible sources
FSC® C105338

If you have any concerns about our products,
you can contact us on
ProductSafety@springernature.com

In case Publisher is established outside the EU,
the EU authorized representative is:
**Springer Nature Customer Service Center GmbH
Europaplatz 3, 69115 Heidelberg, Germany**

Printed by Libri Plureos GmbH
in Hamburg, Germany